최소한의
인도 수업

# 최소한의 인도 수업

다섯 가지
키워드로 읽는
인도라는
세계

삼인

**일러두기**

이 책은 지은이가 2013년 7월부터 2024년 1월까지 SERI CEO에서 진행한 '나마스떼 인디아'라는 온라인 강의 내용을 키워드별로 정리한 것입니다.

# 아는 것, 말하는 것, 그리고 인도

나마스떼, 인도 공부하는 이옥순입니다.

"우리가 아는 건 한 줌의 모래와 같고 우리가 알아야 할 건 전 세계의 모든 사막과 같다." 저는 인도 남녘에서 시인이자 왕의 자문으로 살다간 아와이야르의 이 말씀을 좋아합니다. 배움에는 끝이 없다고 일러주면서 넓고 넓은 우주 속의 자신이 티끌처럼 작은 존재인 걸 되새겨주거든요. 인도 북녘의 현자들이 무한대를 갠지스강의 모래(항하사)로 불렀던 이유도 그래서인데요, 나이테가 꽤 많아진 지금, 제가 아는 세상이 여전히 제로에 가깝다는 걸 절감하며 자연의 섭리를 깨우칩니다.

그런 제가 67개의 모래알을 담은 이 책을 내놓습니다. 독자 여러분이 여태 가꾸어온 앎의 모래밭에 인도에 대한 한 줌의 모래를 보태고 싶어서요. 제가 배우고 공부한 인도가 현재는 물론이고 다가올 미래에 무시할 수 없는 존재가 되어서인데요, 반짝이는 것들이 다 금이 아니듯 금이 아닌 모래알도 반짝일 수 있다고 믿는 저는 이 책의 모래알들이 더러는, 때로는 누군가의 내적 모래밭에서 지혜와 지식의 금모래, 은모래로 반짝이기를 기대합니다.

이 책에 실린 짧은 글들은 삼성경제연구소SERI가 시작한 SERI CEO에서 '나마스떼 인디아'라는 이름으로 진행된 온라인 강의의 원고입니다. 우리 사회 각계각층의 리더를 위한 이 온라인 강의 프로그램은 삼성경제연구소에서 시작하여 지금은 삼성 멀티캠퍼스에서 주관하는데요, 역사가 오래된 만큼 관련 분야에서 권위와 명성을 자랑합니다. 제 강의는 2013년 7월부터 2024년 1월까지 10년이 넘게 이어졌고, 그중 절반이 이 책에 담겨 있습니다.

국내의 오피니언 리더들에게 인도를 소개하는 귀한 기회라서 강의의 소재와 주제는 다양성에 중점을 두었는데요, 사람과 사회, 문화와 신화, 역사와 지리 등의 전 방위적 강의를 이 책에서는 편의상 다섯 가지로 나누었습니다. CEO들이 강의를 보고 평점을 매기고 댓글을 남기는 시스템이라 이 글을 쓰면서 찾아보니 가장 높은 평점은 〈어떤 스승과 제자〉가 차지했더군요. 〈팀마카의 자식은 반얀트리〉도 공감을 많이 얻고요. 강의가 아니라 글을 읽는 여러분은 어떤 이야기를 좋아하실지 궁금합니다.

제가 인도를 알게 되고 시간이 많이 지났습니다. 그동안 인도는 괄목할 만한 변화를 일구었는데요, 잠재적 소비자와 노동자, 즉 젊은 인구를 잔뜩 보유한 인구 대국이 되었고 국내 총생산GDP에서도 세계의 선두권에 들어섰지요. 화성 탐사선과 달 탐사선을 우주로 보내며 관련 분야에서 두각을 보이고요. 서 있는 것보다 앉아 있는 걸 좋아하고 앉아 있는 것보다 누워 있는 걸 좋아한다고 오랫동안 야유와 조롱을 받은 인도가 이제 달리고 있습니다. 식민 지배를 벗어난 지 80년이 안 되어서요.

그런데도 인도의 인기도는 낮은 수준입니다. 카스트와 힌두교의 나라, 빈곤국과 후진 사회라는 19세기적 낙인이 남아서지요. 그 부정적 이미지는 인도를 200년 지배한 영국이 부당한 식민 통치를 정당화하기 위해 고안한 문화, 심리적 전략의 유산인데요, 그 편향된 인도의 지식과 이미지가 교과서와 문학, 미디어 등을 통해 전 세계에 퍼진 겁니다.

그런 이유로 인도에 대한 지식은 대개 외부인의 시각이지요. 본디 내향적 성향의 인도 문명은 바깥 세계에 무심하고 자기를 말하는 데 소홀했고요. 지식인인 브라만들은 이 광대무변의 우주에서 찰나에 지나지 않는 인생을 말하고 기록하는 것에 의미를 두지 않았거든요. 그 단적인 예가 동방 원정에 나섰다가 인도까지 진군한 그리스의 알렉산더에 대한 기록이 하나도 없는 겁니다. 650년 이슬람 통치에 대한 비이슬람(힌두)의 역사 기록도 찾을 수 없고요.

인도인은 역사가 없어서 미개하다고 문명적 비하를 받자 19세기 후반부터 조금씩 자기를 말하기 시작했습니다. 하지만 이슬람 세력과 영국이 오기 전의 고대와 자생한 힌두교에서 영광을 찾으며 분투한 인도의 '새로고침'은 아주 더디었습니다. 아라비아 숫자와 제로(0)를 사유하고 사용한 그들, 코페르니쿠스보다 1,000년 앞서 지동설을 주장한 인도인 과학자가 밖에 알려진 건 그리 오래 지나지 않았지요. 이 책의 모래알은 덜 알려진 인도의 다채로운 면모입니다.

말하지 않은 걸 남들이 알 수는 없지요. 이 문제는 현충원에 잠든 저의 아버지와 연결되는데요, 6·25 참전 용사로 무공 훈장을 받으신 아버지는 그 사실에 40년간 완벽하게 침묵했습니다. 나중에 태어난 우리 형제들은 물론이고 군대로 면회를 다닌 어머니까지 모르게요. 말수가 적고 나서지 않는 성격의 아버지에게서는 상상할 수 없는 과거였지요. 제대하고 귀향하여 촌부로 산 아버지가 술김에도, 잠꼬대에도 내비치지 않은 그 비밀은 제가 발견했습니다만 아버지가 지킨 침묵의 의미를 다 짚지는 못해도 그걸 깬 것이 나쁘지만은 않지요. 백발이 성성한 노인으로 군부대 초청 행사에서 까마득한 후배들을 사열하는 감동적 순간을 가지고 전우들과 함께 영면하게 되었으니까요.

그런 이유로 저는 말하지 않거나 말할 수 없는 주변부에 관심이 많습니다. 낡은 창턱의 이끼처럼 오래 침묵한 인도가 품은 걸 드러내며 조금 더 나은 대접을 받기를 기대하고요. '좋다, 나쁘다'라는 단순한 이분법과 과도한 일반화를 넘어서요. 이 책의 모래알이 그 역할을 하기에는 부족하겠지만 너른 사막도 한 알 한 알의 모래가 모인 것임을 상기합니다.

끝으로, 10년이 넘는 긴 강의 여행을 한결같이 따뜻하게 동무해준 SERI CEO의 아름다운 두 사람 김경훈·최숙현 PD, 그리고 댓글로 인사와 격려를 남겨준 김종우 님을 비롯한 미지의 모든 분에게 고맙습니다. 보이지 않는 온라인 강의를 멋진 형태의 책으로 환생시킨 도서출판 삼인에도 하늘만큼 땅만큼 감사드리고요. 부지런히 지식의 모래를 찾다가 이 책에 다다른 독자 여러분에게도 두 손 모아 인사합니다. "나마스떼!"

2025년 봄
이옥순

# 차례

° 4장 ° **갠지스강처럼 구불구불, 역사에서 배우다**

# ◦5장◦ 제로에서 무한대까지, 다양성에서 배우다

# 1장

# 히말라야만큼 큰,
# 사람에게 배우다

Live as if you were to die tomorrow.
Learn as if you were to live forever.

**내일 죽을 것처럼 살고,**
**영원히 살 것처럼 배워라.**

- 마하트마 간디

# 산을 움직인 사나이,
## 만지히

세상에는 사랑하는 아내를 위해 멋진 기념물을 남긴 로맨틱한 남편이 많습니다. 그 대표적인 인물이 400년 전에 타지마할을 세운 무굴 황제 샤자한인데요, 사랑하는 황비를 위해 그가 만든 흰 대리석 무덤은 22년이 걸려 완공되었습니다. 물론 천문학적 비용이 든 아름다운 무덤은 황제가 아닌 수만 명의 장인과 공인들이 만들었지만요.

여기 샤자한 황제처럼 사랑하는 아내를 추모하며 22년을 바친 한 남자가 있습니다. 20세기 후반 인도 북부 지방에 살던 다슈라트 만지히라는 인물입니다. 가난하고 배우지 못한 낙후된 시골의 최하층민인 그는 수만 명을 고용한 무굴 황제와 달리 혼자, 그것도 맨손으로 먼저 간 아내를 위해 기념물을 만들었는데요, 만지히가 공들인 건 타지마할처럼 우아한 건축이 아니라 바위산에 낸 거칠고 허름한 산길입니다. 1982년에 완공되었지요. 높이 76미터의 암벽을 깎아내려 길이 110미터, 폭 9미터인 좁은 도로를 만들었습니다.

1960년부터 시작했으니 무려 22년, 즉 8,000일 동안 피와 땀을 흘렸지요. 그야말로 영혼까지 털어 넣었는데요, 놀랍게도 만지히는 그 긴 세월, 그 모든 것을 혼자 힘으로, 그것도 오로지 작은 끌과 망치만 사용하여 이루어냈습니다.

만지히의 실화는 할리우드 영화 〈쇼생크 탈출〉을 떠올리게 합니다. 잘나가던 은행가가 살인 누명으로 종신형을 선고받고 복역하던 중에 감옥 벽에 구멍을 내서 탈출하는 줄거리지요. 주인공은 조약돌을 다듬는 작은 망치로 20년간 조금씩 벽을 파내는데요, 희망이 있다면 무엇이든 이룰 수 있다는 메시지를 전하는 영화의 주인공처럼 만지히도 작은 끌과 망치로 단단한 바위산을 깎고 또 깎아냈습니다. 매일 아침부터 해가 질 때까지 길고 긴 22년 동안요.

그런데 왜 바위산에 길을 내었느냐고요? 거기에는 아픈 사연이 숨어 있습니다. 들에서 일하는 만지히에게 바위산을 넘어 점심밥을 가져오던 아내가 절벽 아래로 굴러떨어져 죽었거든요. 그가 사는 오지 마을은 험한 바위산이 외부와의 소통을 가로막아서 병원이 있는 읍내로 가는 길이 아주 멀었습니다. 제때 치료를 받지 못한 아내가 세상을 떠나자 만지히는 밤잠을 이루지 못하고 생각하고 또 생각했지요. 그러고는 날이 밝자마자 그 생각을 실천에 옮겼습니다. 바위산에 길을 내서 마을 사람들이 병원을 이용할 수 있게 만들겠다고요.

대다수 사람은 감당할 수 없는 엄청난 일을 맞닥뜨리면 운명 앞에 무릎 꿇게 마련인데요, 인도가 1947년 8월 15일에 독립하고 10여 년이 지난 그때, 특히 농촌 지역이 매우 열악하던 그 시절에 오지의 막일꾼인 만지히는 운명에 지지 않았습니다. 정부가 오지 마을에 아무것도 해주지 않자 스스로 해내리라고 결심했지요. 맨손으로 불가능에 도전한 겁니다. 천대받는 하층 카스트인 그를 그 누구도 도와주지 않는데도 말이지요. 도움은커녕 매일 아침 바위산을 찾아 돌을 깎는 만지히를 모두가 미쳤다고 비웃었습니다. 그래도 그는 정한 목표를 향하여 한 걸음씩, 한 주먹씩 바위산을 깨나갔지요.

중국 고사에 '수적천석水滴穿石', 즉 작은 물방울도 시간이 지나면 단단한 바위를 뚫는다는 말이 있습니다. 작은 힘이라도 끈기 있게 노력하면 성공을 이룰 수 있다는 뜻인데요, 고군분투한 만지히에게 딱 맞는 말이지요. 그의 손에 들린 작은 끌과 망치가 쪼아낸 티끌이 모여 결국 태산을 움직였습니다. 강산이 두 번 바뀐 뒤였지요. 그의 덕에 고립된 마을은 병원이 있는 읍내, 더 넓은 문명 세계와 연결되었습니다.

불굴의 정신을 실증한 영화 같은 그의 이야기가 널리 퍼지면서 만지히는 전국적으로 유명해졌지요. '산 사나이' '슈퍼맨'으로 불리면서요. 수도 델리에서 대통령을 만나서 칭송을 들었고, 국가가 수여하는 최고훈장도 받았습니다. 2007년 만지히가 사망했을 때는 주 정부가 장례를 치러주며 그의 업적을 기렸고요. 고독과 고통으로 점철된 그의 삶은 TV 드라마와 〈산을 움직인 사나이〉라는 영화로 제작되어 많은 이에게 영감과 감동을 주었습니다.

영국의 작가 오스카 와일드는 "역사는 위대한 사람만이 기록할 수 있다"라고 말했는데요, 그의 말은 역사를 가진 위대한 영국이 역사가 없는 인도를 지배하는 게 당연하다는 논리로 이어졌지요. 그런 영국에 반대하며 맞서 싸운 마하트마 간디는 다른 견해를 가졌습니다. 위대한 왕이나 용감한 장군들이 등장하는 역사보다 이름 없이 살다 간 장삼이사들의 신화와 전설이 더 중요하다고요.

그래서일까요. 허름한 농민의 옷차림으로 대영 제국과 싸운 간디의 나라에서는 전설이 된 촌사람 만지히를 높이 평가합니다. 진짜 영웅은 역경 속에서 자기 나름의 방식으로 최선을 다한 보통 사람들이니까요.

# 구두 두 켤레를 남긴 대통령

90퍼센트 이상의 지지를 받아 인도의 대통령이 된 인물이 있습니다. 제11대 대통령인 압둘 칼람인데요, 2002년 7월에 대통령선거인단의 압도적 지지를 얻어 대통령이 되었습니다. 물론 칼람이 손쉽게 그 자리에 오르지는 않았지요. 인구 대다수가 힌두인 나라에서 이슬람교도, 그것도 가난한 남부 지방의 섬 출신으로 여러 면에서 소수 집단에 속했으니까요. 불리한 조건을 넘어서 대통령이 된 칼람은 그래서 더욱 사랑과 존경을 받았습니다.

대통령이 되기 전부터 팝스타만큼 대중적 인기가 높았던 칼람이 인도의 '퍼스트 맨'이 된 건 큰 의미가 있습니다. 정치가가 아닌 과학자가 국가에 봉사한 경력을 인정받아서 대통령이 된 첫 번째 사례였거든요. 남부 지방 마드라스공대를 졸업하고 1958년 헬리콥터 디자인으로 과학자의 길을 시작한 그는 특히 군사 기술에 관심이 많았습니다. 칼람의 역량이 발휘된 분야는 우주 발사 기술과 탄도 미사일 기술이었지요. 아그니, 프리티비 등의 이름을 붙인 신형 미사일 개발에 성공한 덕에 칼람은 '미사일 맨'이라는 애칭으로 불렸습니다.

과학자인 칼람이 국민적 영웅이 된 건 무엇보다 애국적 자세와 관련이 있는데요, 그는 자신이 주도하는 탄도 미사일과 핵무기 프로그램이 미래 슈퍼 파워로서의 인도의 위상을 확고하게 해줄 거라고 굳게 확신했습니다. 10여 년 앞서 출간한 저서 《2020》에서는 지식의 슈퍼 파워가 되기 위한 인도의 실행 계획을 지지했고요.

칼람은 핵 실험의 성공이 경쟁국 파키스탄과의 전쟁을 막는 데 긍정적 역할을 했다고 믿었습니다. 힘이 힘을 존중한다는 입장이었지요. 그는 오랫동안 이슬람 세력과 영국 등 여러 외세의 지배를 받은 인도가 더는 이방 세력에게 정복되지 않기를 바라는 국민적 기대와 가난한 이가 많은 인도가 강대국이 되기를 소망하는 국민의 열망에 과학 기술의 발전으로 부응했는데요, 칼람은 어디선가 "젊은이들은 다르게 생각할 용기가 필요하다. 발명할 용기, 아무도 가지 않은 길을 갈 용기, 불가능한 것을 발견할 용기, 문제를 정복하고 성공할 용기가 있어야 한다"라고 말했습니다. 그는 그 길을 선구적으로 걸었지요. 특히 1962년 인도 우주 연구소Indian Space Research Organization, ISRO로 자리를 옮기면서 불가능을 가능으로 바꾸기 시작했습니다. 인도인 대다수가 자전거와 우마차를 타던 가난한 1970년대에 우주 프로그램을 개시한 겁니다.

덕분에 인도는 1975년 최초의 인공위성 아리아바타를 발사한 이래 지금까지 150개가 넘는 인공위성을 우주에 쏘아 올렸습니다. 인도 국방 개발 연구소Defence Research and Development Organization, DRDO의 소장으로 자리를 옮긴 칼람은 탄도 미사일과 핵무기를 성공적으로 개발하여 인도의 과학적 위상을 만방에 알렸고요. 주목할 건 그가 외국에서 유학한 적이 없는, 속된 표현으로 '토종 과학자'인 점인데요, 어렸을 때 신문팔이로 살림을 보태던 그는 유명한 과학자가 되고 대통령이 된 뒤에도 초심을 잃지 않았습니다. 간디가 말한 "고상한 생각과 소박한" 생활을 지속했지요. 한평생 책을 제외한 어떤 선물도 받지 않았고요. 무슬림이면서도 힌두 문화를 사랑하고 존중한 그는 '힌두 영혼을 가진 무슬림'이라는 평을 받았습니다. 전통 현악기 비나를 매일 연주하고, 힌두 고전 음악 장르인 카나틱을 듣는 데 두 시간씩을 할애했는데요, 산스크리트어 고전을 암송했고 채식도 실천했습니다.

사람들은 종교와 지역의 차이를 넘어서 모든 걸 다 받아들이는 늘 웃는 얼굴의 겸손한 칼람 대통령을 좋아했습니다. 칼람 대통령의 미소가 그가 개발한 미사일보다 더 강력하다는 표현이 나올 정도로요. TV와 에어컨은 물론이고 냉장고와 자동차 없이 생활한 그는 신문과 라디오를 통해 세상의 소식을 듣고 강의와 사람과의 만남을 통해 세상과 소통했습니다. 특히 학교와 대학에서 학생들을 만나기를 좋아했는데요, 그의 마지막 순간도 한 경영대학원에서 강연하던 도중에 왔습니다. 2015년 7월 27일이었지요. 한 평론가는 그런 그의 죽음을 "풍성한 지식 속에서 떠난 행복한 죽음"이라고 말했지요.

사람에 대한 평가는 죽은 다음에 나옵니다. 국민의 존경을 받던 그가 세상을 떠나자 정부는 7일간의 애도 기간을 선포하고 인도를 과학 기술의 강국으로 만든 그를 깊이 추모했습니다. 전국이 슬픔에 잠겼는데요, 그토록 국민의 사랑을 받은 대통령이나 과학자는 일찍이 없었지요. 재능이 있는 이는 덕이 부족하다지만 그는 예외였습니다.

칼람은 젊었을 때 온종일 연구실에서 일에 몰두하다가 그날 자신의 결혼식이 있다는 사실을 잊고 말았습니다. 한 여인을 외롭게 만들지 않겠다며 평생 결혼하지 않은 그는 유산이 아주 적었습니다. 그가 뒤에 남긴 유산은 책 2,500권, 셔츠 여섯 벌, 바지 네 벌, 구두 두 켤레, 양복 세 벌이 전부였지요.

그래도 과학자인 칼람은 한 영국 시인의 시처럼 "시간의 모래 위에 깊은 발자국을 남겼습니다". 무엇보다 나라의 미래를 이어갈 젊은이들에게 남이 가지 않은 길을 갈 용기와 저 넓은 우주를 향한 원대한 꿈과 희망을 남겼는데요, 그보다 위대한 유산이 있을까요?

# 아버지
# 마하트마 간디

20세기 최고의 인물로 꼽히는 간디가 노벨평화상을 받지 못한 것을 두고 뒷말이 무성했습니다. 영국의 인도 통치를 반대한 인물이라서 영국이 그의 노벨상 수상을 막았을 거라는 추측이 가장 많았는데요, 사실 간디는 다섯 번이나 노벨평화상 후보에 올랐습니다. 인도가 독립한 이듬해인 1948년에는 수상이 거의 확정적이었고요. 하지만 수상자를 발표하기 2일 전에 간디가 암살되는 바람에 생존자에게만 상을 수여하는 원칙을 가진 노벨상위원회는 그해 노벨평화상 수상자를 내지 않는 것으로 위대한 영혼을 예우했습니다.

간디가 위대한 영혼 마하트마로 불린 건 남아프리카에서 인권운동을 벌일 때부터였지요. 그는 반세기 넘게 사람들의 현미경과 같은 많은 시선을 받으며 그 호칭에 걸맞게 살려고 노력했습니다. 그러면서 당대 세계 최강인 영국을 상대했지요.

그렇게 오랫동안 마하트마로, 마하트마답게 살기란 쉽지 않을 겁니다. 리더는 자신을 따르는 이들에게 모범을 보이고 공적으로 낸 발언을 사적으로 실천하고 증명해야 하니까요. 그렇다면 사실상 사생활이 없던 마하트마에게 분신 같은 자식은 어떤 존재였을까요?

간디는 네 명의 자식을 두었습니다. 모두 아들이었지요. 맏이와 둘째는 간디의 고향인 인도 구자라트에서 태어났고, 셋째와 넷째 아들은 간디가 남아프리카에서 인권 변호사로 활동할 때 출생했습니다. 맏아들을 제외한 세 명의 자식은 대체로 아버지의 뜻을 따랐고, 남아프리카 시절부터 직간접적으로 간디의 비폭력적 저항 운동을 도왔는데요, 영국에게 아홉 번이나 투옥된 아버지처럼 각자 감옥에 여러 번 갇히며 고초를 겪었습니다. 특히 13세 때부터 아버지의 운동에 적극적으로 참여한 셋째 아들은 여섯 번이나 투옥되었고, 그래서 건강을 많이 해쳤지요.

하지만 자식 모두 아버지의 뜻대로 살지는 않았습니다. 조부모의 손에 길러져 나중에 남아프리카에서 아버지를 만난 맏아들 하릴랄이 간디의 속을 썩였지요. 일찍이 1911년 남아프리카에서 아버지와 결별한 그는 어긋난 길을 걸었습니다. 사기, 알코올 중독, 외도, 도적질 등 나쁜 일을 반복하며 마하트마 아버지의 완벽한 타인이 되었는데요, 이슬람으로 개종했다가 어머니의 호소로 되돌아오기도 했고요. 최근 경매에 나온 간디의 1935년에 쓴 편지에는 맏아들과의 관계가 독립 투쟁보다 어렵다고 적혀 있을 정도였습니다.

맏아들이 아버지를 등지게 된 이유는 무엇일까요? 아버지를 존경하고 자랑스러워한 하릴랄은 간디처럼 영국에 가서 법률을 공부하여 변호사가 되고 싶어 했습니다. 하지만 이미 서구의 반대 명제로 부상한 아버지의 답은 부정적이었지요. 영국에 맞서 싸우며 그들이 세우고 가르치는 서구 교육에 반대하는 그가 아들을 영국에 유학 보낼 수는 없었습니다. 전통 교육과 실업 교육을 강조하는 간디는 자식에게도 언행일치를 적용했고, 그래서 간디의 아들 네 명은 그 누구도 공식 교육을 받지 않았는데요, 꿈을 잃었다고 상심하고 집을 나간 맏아들은 방황하며 막살았고 끝내 제자리에 돌아오지 못했습니다. 간디가 암살되고 전 국민의 애도 속에 장례를 치를 때까지요. 결국 화장식에서 불을 붙이는 맏아들의 임무는 셋째 아들이 맡았습니다. 아버지의 따뜻한 격려와 지지가 필요했을지 모를 맏아들은 아마도 군중 속에서 아버지의 마지막을 지켜보았겠지요. 얼마 뒤에 뭄바이의 한 병원에서 노숙자로 세상을 떠난 그의 슬픈 말년은 70년 뒤 발굴된 병원 진료 기록으로 세상에 알려졌습니다.

간디가 세상을 떠난 뒤 인도는 아픈 역사를 떨치고 글로벌 강국으로 질주 중인데요, 그 격동의 시기에 간디의 후손은 그 누구도 정치에 참여하거나 세속적으로 부를 추구하지 않고 봉사하며 조용히 살았습니다. 마하트마의 무게를 견디며 그가 설파한 가치에 금이 가지 않도록 조심하면서요. 반면에 간디가 정치적 후계자로 지목하여 독립한 인도의 초대 총리가 된 네루와 그 후손들은 세 명의 총리를 냈고 지금도 정계를 지배해서 대조적이지요.

물론 간디도 세상의 모든 아버지처럼 자식이 잘되기를 바랐겠지요. 맏아들의 문제가 독립 투쟁보다 어렵다는 표현에서 아픈 속내가 엿보이는데요, 자식들은 아버지가 살갑지 않았다고 회고했지만 간디가 그들의 아버지일 뿐만 아니라 국민의 아버지인 걸 모르지는 않았습니다. 외국의 지배를 받는 수억 민중의 선두에 선 간디로서는 나랏일이 우선이었지요. 그들에게 본을 보여야 했고요. "나의 삶이 나의 메시지"라고 말한 간디는 그래서 한없이 고독했을 겁니다. 장삼이사인 제가 감히 그의 고뇌를 짐작할 수는 없지만요. "영생을 얻으려면 자식을 두어라"라는 힌두 고전의 한 구절이 아프게 느껴집니다.

# 팀마카의 자식은
# 반얀트리

인도의 실리콘 밸리로 불리는 벵갈루루는 인도의 5대 도시에 들어
갑니다. 1980년대 후반 여름 방학 때 방문했다가 한눈에 반했는데
요, 도시 곳곳에 아름드리나무들이 자리를 잡고 신선한 공기를 마
구 내뿜는 겁니다. 더위에 지친 발길을 늦추며 예정보다 오래 머물
렀지요. 그도 그럴 것이 그때 벵갈루루는 '에어컨 시티' '정원 도시'
로 불리며 전국에서 모여든 은퇴자들이 연금으로 유유자적하게 지
내는 아름다운 도시였거든요.

하지만 경제가 발전하고 인도의 실리콘 밸리로 급부상하면서
벵갈루루는 변해갔습니다. 아름드리나무는 하나둘씩 베이고 쇼핑
센터와 각종 빌딩이 빼곡히 들어섰지요. 도시가 팽창하고 인구가
늘더니 요즘은 다른 대도시처럼 대기 오염으로 악명이 높습니다.
"10년 뒤를 보려면 나무를 심어라"라는 말을 "10년 뒤를 보려면 나
무를 베어라"로 바꾸어야 할 정도로요.

다행히, 넓은 인도에는 "새가 오기를 바라거든 먼저 나무를 심

어라"라는 말을 실천하는 사람들이 남아 있습니다. 100세가 넘은 고령의 팀마카 할머니가 그런 영웅인데요, 가든 시티의 명성을 잃은 벵갈루루에서 60킬로미터 떨어진 시골 출신입니다. 지난 70년간 수천 그루의 나무를 뜨겁고 황량한 시골길에 심었다고 알려졌지요.

팀마카가 남편과 손을 모아 첫 나무를 심은 때는 1948년입니다. 인도가 영국에서 독립한 이듬해였지요. 반얀트리 묘목 10그루를 심었는데요, 그때부터 부부가 동네에서 읍내로 나가는 시골길에 매년 심은 반얀트리는 15년간 수백 그루에 달합니다. 그중에서 284그루가 5킬로미터 도로 양쪽에 뿌리를 내리고 살아남았습니다. 가지를 쭉쭉 하늘로 내뻗으며 시원한 그늘과 초록의 세상을 선사하면서요. 보기만 해도 시원합니다. 가장 먼저 심은 나무들의 수령은 어느덧 70년이 훌쩍 넘었지요.

"나무 좀 심은 게 뭐 그리 대수라고" 이렇게 말하는 분이 있을 텐데요, 저간의 사정을 들여다보면 고개가 절로 수그러듭니다. 학교에 다닌 적 없는 일용직 일꾼인 팀마카와 남편은 결혼하고 25년이 지났으나 자식이 생기지 않아 마음고생이 많았습니다. 좌절한 아내가 동네 연못에 투신했다가 구출되는 우여곡절도 겪었고요. 그때 부부는 결심했습니다. 자식 대신에 나무를 심어서 키우자고요. 그때 아내의 나이가 40세였습니다.

하지만 물이 귀한 열대 지방 황무지에 나무를 심는 건 미친 짓이었지요. 두 사람은 바싹 마른 땅에 심은 묘목에 물을 주기 위해 집에서 양동이에 물을 길어 날랐습니다. 5킬로미터 도로 양쪽에 심은 반얀트리에 물을 주려면 매일 50번 이상 집을 오가야 했는데요, 묘목의 수령이 10년이 될 때까지는 매일 물을 주어야 했으니 사반세기를 그렇게 보냈습니다. 떠도는 들짐승이나 길 잃은 가축들이 어린나무를 훼손하지 않도록 매일 곁에서 돌보았고요. 힘든 세월이었으나 세상의 부모들이 자식에게 헌신하듯, 아이들이 자라는 걸 보며 행복해하듯, 부부도 그랬습니다.

나무 한 그루 한 그루를 아이처럼 지극정성으로 돌본 덕에 수십 년이 지나자 나무들은 수백억 원을 호가할 정도로 잘 성장했는데요, 팀마카 부부는 어떻게 자식을 파느냐며 가난해도 나무를 팔지 않았지요. 그들의 이야기가 세간에 알려진 건 남편이 죽고 5년이 지난 1996년이었습니다. 전 지구적으로 난개발로 삼림이 파괴되자 환경의 중요성을 되새기는 시대였지요. 그해 팀마카는 총리로부터 국가 시민상을 받았습니다. 첫 식목 후 반세기가 지난 때였지요.

그의 이야기가 퍼지면서 이름 없는 영웅이자 숨은 환경 보호자인 팀마카는 유명 인사가 되어 선한 영향력을 행사했는데요, 수많은 아이에게 환경에 대한 영감을 주면서 환경 보호 운동에 나섰습니다. 그의 이름을 딴 환경 단체가 인도와 미국에 생길 정도로요.
그렇게 팀마카가 심은 나무는 8,000그루를 넘겼습니다. 세계 각지
에서 100여 개가 넘는 상이 쏟아졌고요. 2019년에는 민간인에게
주는 최고훈장을 대통령이 직접 팀마카에게 주었고요. 아끼던 나
무들은 공공의 자식으로 주 정부에 헌납했습니다.

100세를 훌쩍 넘긴 팀마카는 국경을 넘는 명성을 얻었어도 여
전히 가난합니다. 그런데도 한 사람이 한 그루씩 나무를 심자고 호
소합니다. 인구가 10억 명이면 10억 그루의 나무가 아이들의 미래
를 바꾼다면서요. 사실 자식 대신에 나무를 키운 팀마카의 삶 자체
도 많은 이들에게 교훈이 됩니다. 최선의 선택지가 없으면 차선을
선택하여 최선으로 바꾸라고요. 누구나 희망을 공짜로, 그것도 무
한대로 가질 수 있다는 것도요.

# 라만의 질문,
# "바다는 왜 푸른빛인가"

해마다 가을이면 노벨상 수상자가 하나둘씩 발표됩니다. 그럴 때면 우리나라에서는 언제쯤 과학 분야의 노벨상 수상자가 나올까 하는 말들이 오가는데요, 사실 전망하기는 쉽지 않지요. 그런데 인도에는 자신이 노벨상을 받을 거라고 선언하고는 실제로 수상한 과학자가 있습니다. 바로 찬드라세카르 벵카트 라만입니다.

라만은 최초의 아시아인으로, 백인이 아닌 첫 유색인으로 과학 분야에서 노벨상을 받았지요. 당시 인도는 영국의 식민지라 피지배자인 과학자가 연구하기에는 좋은 상황이 아니었습니다. 그래서 라만이 거둔 성과는 불리한 환경에서 노력하는 이들에게 시사하는 바가 있어서 소개해봅니다. 그는 성공하려면 "적절한 의문을 제기하는 것이 중요하다. 그러면 자연이 그 비밀의 문을 열어준다"라고 말했는데요, 라만의 질문은 무엇이었을까요? 1921년 인도 동부 캘커타(지금의 콜카타)대학의 교수가 된 라만은 그해 영국으로 출장을 떠났습니다. 귀국길에 배를 타고 지중해를 지나던 그는 의문을 가

**최초의 아시아인이자 유색인으로 노벨상을 수상한 과학자, 라만**

지게 되는데요, 유리컵에 담긴 물은 무색인데 깊은 바닷물은 왜 푸른빛일까라는 의문이었지요. 그는 곧바로 선상에서 간단한 도구로 실험에 착수했습니다. 그러고는 보름 뒤에 배가 인도에 도착하자마자 항구에서 실험 결과를 담은 〈바다의 빛깔〉이라는 논문을 유명한 과학 잡지 《네이처》에 발송했는데요, 바닷물이 빛의 푸른색을 다른 색보다 더 산란시키기 때문이라고요.

라만은 이후 빛의 산란에 관심을 가지고 연구를 이어갔지요. 그는 3년 뒤인 1924년에 자신이 5년 안에 노벨상을 받을 거라고 선언하고는 1928년에 빛의 산란과 관련한 새로운 현상을 발견했습니다. 그러고는 1930년에 자신의 이름을 딴 '라만 효과'로 노벨물리학상을 받는데요, 라만이 어느 정도 수상을 확신했는지는 11월에 열리는 시상식에 가려고 항공권을 7월에 예매한 것에서 드러납니다. 수상자가 발표되기 한참 전이었지요.

흰색 터번을 맨 유일한 인도인으로 시상식에 참석한 라만은 자신이 영국의 국기 아래에 앉은 현실을 깨닫습니다. 영국 지배하의 인도가 국기조차 없다는 걸 떠올리곤 눈물을 흘리지요. 그때 학자인 그가 할 수 있는 건 아무것도 없었습니다. 단지 영국이 마련한 축하연에서 수상 소감 중에 이렇게 말했을 뿐이지요. "인도의 감옥에 있는 친구로부터 방금 축하 전보를 받았다"라고요. 친구가 누구인지 궁금해하는 참석자들에게 그가 밝힌 발신자는 반영 운동으로 감옥에 갇힌 마하트마 간디였습니다. 영국 신사들의 낯빛이 대번에 바뀌었지요.

라만은 전에도 백인 지배자를 당황하게 한 적이 있습니다. 캘커타대학의 인도인 총장이 라만을 교수로 초빙할 때인데요, 백인 교수들은 라만이 외국으로 유학 가지 않았고 박사 학위도 없다며 임용을 반대했습니다. 속내는 인종 차별이었지요. 하지만 19세에 석사 학위를 받고 재무 관리로 근무하는 10년간 틈을 내 30여 편의 과학 논문을 발표한 그는 자격이 차고 넘쳤습니다. 기지를 발휘한 대학 총장이 그에게 명예박사 학위를 수여하고 임용하면서 라만과 인도의 미래를 열었지요.

오랫동안 식민지로 남아 모든 것이 낙후된 인도에는 제대로 교육받은 과학자가 극소수였습니다. 라만은 노벨물리학상을 받은 뒤에 인도 과학 연구소와 라만 연구소의 책임자로 과학 분야를 발전시키려고 노력했는데요, 무엇보다 중요한 역할은 젊은 후배들에게 영감을 준 점입니다. 젊은 과학자들에게 연구실에만 있지 말고 세상을 돌아보라고 조언했지요. 과학의 본질은 좋은 시설이나 장비가 아니라 독창적인 생각과 열성적인 연구에 있다면서요.

라만의 발견은 물리학, 이어 화학 분야에서 수많은 파생 연구를 촉발하며 과학 발전에 공헌했습니다. 라만의 분광기는 과학 기술 연구에 필수 장비가 되었고 과학과 무관한 사람도 그의 덕에

CD플레이어로 음악을 듣거나 레이저를 이용한 문명의 이기들을 누리고요. 공항에서 마약과 폭발물을 탐지하는 스캐너 덕분에 일일이 가방을 열어 보이는 수고를 하지 않게 된 것도 바다는 왜 푸른 빛인가에 의문을 품은 라만의 연구 효과입니다.

영국에서 독립하자 과학 발전을 국가의 기치로 내건 모국 인도의 국기 아래서 연구에 정진하다가 세상을 떠난 라만은 진정한 국가의 재산이란 쌓아놓은 금덩이가 아니라 국민의 지적·신체적 힘에 있다는 말을 남겼습니다. 돈을 버는 것, 1등이 되는 것이 지상 과제가 되어버린 오늘날에도 미래 세대에게는 색다른 꿈과 희망이 필요한데요, 라만의 말대로 세상에 대해 호기심을 가지고 질문을 던지는 것이 중요합니다. 질문 없이 답이 있을 수 없고, 답이 없는 세상은 막막하니까요.

# ⟨시티 오브 조이⟩와
## 노벨경제학상

매년 12월 10일이 되면 스웨덴의 수도 스톡홀름에서 노벨상 수상식이 열립니다. 이날은 자신의 유산을 기부하여 상을 제정한 알프레드 노벨이 세상을 떠난 날이지요. 아시는 분도 있겠지만 모든 노벨상의 상금이 그의 유산에서 나오지는 않습니다. 1969년부터 수상자가 나온 경제학상은 스웨덴 중앙은행이 설립 300주년을 기념하여 만들었고 당연히 상금도 거기서 내는데요, 이름도 노벨상이 아니라 '노벨을 기리는 스웨덴 중앙은행상'입니다. 물론 수상자 선정이나 시상, 상의 권위는 다른 노벨상과 똑같지만요.

세계 경제가 서구, 특히 미국 중심이어서 그동안의 경제학상 수상자는 거의 다 미국에서 배출되었습니다. 아시아인은 상이 제정되고 50년이 넘은 지금까지 겨우 네 명, 즉 이스라엘인 두 명과 인도인 두 명이 수상했을 뿐이고요. 그들도 다 미국의 대학이나 연구소와 연계가 있는데요, 인도는 1998년에 아시아인으로 첫 경제학상을 받은 아마르티아 센과 2019년에 공동 수상한 아브히지트 바네르지를 배출하며 기쁨을 누렸으나 바네르지는 미국 국적을 취득했고 센은 미국의 국가 인권상을 받을 정도로 반은 미국인입니다. 미국의 힘이 느껴진다고나 할까요.

흥미롭게도, 노벨경제학상을 받은 두 명의 인도인은 서로 닮은 꼴입니다. 인도의 동부 벵골 지방에서 태어나 콜카타에 있는 프레시던시대학에서 공부한 동향이자 동문이거든요. 1913년 노벨문학상을 수상한 라빈드라나트 타고르가 이 대학 출신인 것처럼요. 더욱 흥미로운 점은 두 인도인 경제학자가 같은 분야에서 두각을 보인 공로로 수상한 겁니다. 주로 부의 생산과 성장을 연구한 다른 경제학상 수상자들과는 달리 두 사람은 부의 분배, 곧 빈곤 퇴치에 공헌한 점을 인정받았습니다.

그렇습니다. 그들이 자란 도시 콜카타가 바로 빈곤으로 유명했지요. 1990년대 나온 할리우드 영화 〈시티 오브 조이〉의 주인공이 분투한 곳이자 1979년 노벨평화상을 받은 테레사 수녀가 활동한 도시가 콜카타인데요, 콜카타는 특히 가난한 이를 구제한 테레사 수녀의 헌신적인 삶을 통해 빈곤의 대명사로 각인되었습니다. 그 불리한 환경에서 자라고 공부한 센과 바네르지가 고향을 넘어 세계 빈곤층의 퇴치에 큰 획을 그은 겁니다. 그래서 두 사람의 연구는 '마더 테레사 경제학'이라고 불리고요.

콜카타의 옛 이름 캘커타는 인도를 지배한 영국의 전초 기지로

1700년대 중반부터 1911년까지 그 수도였습니다. 자연히 영국의 경제 수탈이 심했고, 민간인에게 준 후유증이 만만치 않았지요. 뱅골 지방의 동쪽이 동파키스탄으로 분단되고 결국 방글라데시로 독립하면서 1,000만 명의 피난민이 서뱅골 지역의 중심 도시 콜카타로 몰려들어서 상황이 악화했습니다. 게다가 인근 농촌에서 일자리를 찾아 무작정 이주한 이들도 많아서 당시 콜카타의 빈민가는 그야말로 초만원이었는데요, 센과 바네르지는 시쳇말로 금수저였지만 빈곤이 인간과 인간의 존엄성에 어떻게 나쁜 영향을 주는지를 목격하며 자랐습니다. 특히 센은 1943년 9세 때 식량 부족으로 뱅골인 300만 명이 굶어 죽는 현장을 지켜보았지요. 당시 쌀이 든 깡통을 굶주린 이들에게 나누어주던 어린 소년의 아픈 기억이 빈곤 문제에 천착하는 학자로 만들었습니다.

센 교수는 기아 발생이 식량이 부족해서가 아니라 분배가 제대로 작동하지 않아서라고 주장했는데요, 1943년 기근의 주요 원인이 인도 빈곤층에게 무심한 영국 식민 정부가 의도적으로 개입하지 않아서라고요. 그는 이 사례로 글로벌 식량의 불균형을 해소할 단서를 얻었습니다. 센은 국가의 구성원인 빈곤층도 식량을 가질 자격이 있고, 그래서 정부의 개입과 재정 지원이 필요하다고 역설했지요. 소득 증가보다 중요한 건 건강과 복지이며 복지는 부가 아니라 기대 수명과 교육 수준 등으로 측정되어야 한다고도 말했고요. 그래서 탄생한 것이 UN의 인간 발전 지수입니다. 그의 이름을 따서 '센 지수'라고 부릅니다.

바네르지는 교수인 부모를 따라간 2세 때 미국에서 센을 만난 인연을 가지고 있는데요, 센의 영향을 받은 그는 센이 노벨경제학상을 수상한 지 21년 만에 같은 상을 받았습니다. 20년간 인도와 아프리카에서 현장 실험으로 빈곤과 싸울 수 있는 능력을 증진하고 최선의 접근법을 발견한 공로로요. 바네르지는 아동 복지, 즉 건강과 교육을 증진하려면 정부의 효과적 개입이 필요하다고 파악했습니다. 과학적 증거에 기반한 그의 연구 중에는 빈곤층 아동의 학습 결과를 증진한 '방과 후 수업'이 있는데요, 인도에서만 약 500만 명이 혜택을 받았습니다.

1947년 독립한 직후 빈곤층이 70퍼센트를 차지했던 인도는 이제 그 비율이 10퍼센트로 떨어졌습니다. 빈곤 퇴치의 구호를 내건 민주적 정부가 적극적으로 노력한 결과지요. 그뿐만 아니라 어려운 시대에 '좋은 경제학'을 주도한 두 경제학자의 공도 컸습니다. 뻔한 수사처럼 가난해도 행복한 게 아니라 인간답게 살아야 행복한 법이니까요.

이제 재미있는 일화로 이야기를 마치려 합니다. 가난하게 사는 사람의 생활과 그들의 선택을 이해하려고 음식 조리법을 배우고 요리책까지 펴낸 바네르지 교수는 가난한 사람도 부자처럼 음식의 선택에서 영양보다 맛에 신경 쓴다는 걸 발견했습니다. 일반적인 예상과 다르지요? 본디 부자나 빈자나 인간이 가진 욕망은 같은 빛깔입니다.

# 마더 테레사는
## 인도인

어느 날 콜카타에서 한 상인이 길을 걷고 있었습니다. 그때 가녀린 몸매의 여인이 다가와 공손하게 말했지요. "가난하고 아픈 사람들에게 적선 좀 하시겠어요"라고요. 그날따라 기분이 좋지 않던 상인은 내민 여인의 손바닥에 침을 뱉었습니다. "이거라도 가져가시던지요." 여인은 말 없이 침 묻은 손을 가슴으로 가져가 옷자락에 닦고는 "이건 제 거고요, 이제 우리 아이들에게도 무언가를 좀 주시지요"라고 말했지요. 그걸 본 상인은 눈물을 흘리며 여인에게 사죄했습니다.

누군지 짐작하시겠지요? 허름한 목면 사리를 입은 그 여인은 1979년에 노벨평화상을 받은 마더 테레사였습니다. 알바니아 출신의 가톨릭 수녀인 테레사는 1929년에 인도에 왔는데요, 나중에 귀화하여 법적으로 인도인이 되었지요. 노벨평화상을 받고 전 세계에 감동을 주며 '성자'라고 불렸습니다. 그리고 2016년 9월에 가톨릭교의 성인으로 추서되었지요.

마더 테레사가 찾을 당시의 인도는 영국의 지배를 받았습니다. 식민 통치를 받는 여타 나라처럼 시련과 고통을 받은 인도에는 가난한 사람들이 아주 많았지요. 테레사 수녀가 활동한 벵골 지방이 더욱 그랬는데요, 인도에서 영국의 전초 기지인 탓에 경제적 수탈이 가장 심한 지역이었지요. 1943년에만 기근으로 300만 명의 벵골인이 굶어 죽는 비극이 일어날 정도였습니다. 독립한 뒤에도 경제 사정이 금세 좋아지지는 않았는데요, 마더 테레사는 콜카타에서 빈자와 병자를 돌보았습니다. 도시에는 일자리를 찾아 무작정 상경한 가난한 사람들이 넘쳐났지요. 방 한 칸이 없는 많은 이들은 길거리에서 살았습니다. 여기에 이웃 나라 방글라데시가 정정 불안과 자연재해로 살기 어려워지면서 난민들이 국경을 넘어 인도로 밀려 들어왔지요. 1,000만 명의 난민 중 대다수가 서벵골 지방, 주로 콜카타에 몰렸습니다.

마더 테레사와 그가 도시에 세운 자선 기관은 빈민 구호 활동을 펴고 병자들을 구호했는데요, 가장자리에 푸른 줄이 쳐진 흰 사리를 입은 수녀들이 콜카타의 풍경이 되었습니다. 마더 테레사는 특히 몸이 온전하지 않은 한센병 환자와 죽음을 목전에 둔 사람들을 껴안고 보듬었지요. 하루에 18시간씩 일했다고 전해집니다. 누운 병자를 돌보느라고 허리를 굽히고 일하는 바람에 말년에는 수녀의 허리가 많이 굽어졌지요.

1929년부터 봉사에 나선 마더 테레사가 주목을 받은 건 1969년 이었습니다. 운영하던 '죽음의 집'을 찍은 장면이 영화에 공개되면 서였는데요, 마지막 숨을 넘기는 사람들의 몸을 흔들어주어서 그 들이 사람의 따뜻한 손길을 느끼며 세상을 떠나게 하는 장면이 큰 반향을 일으켰습니다. 이후 마더 테레사의 봉사활동이 전 세계 매 체에 소개되면서 유명해졌지요.

그로부터 10년 뒤, 인도에서 활동한 지 딱 50년 만인 1979년에 마더 테레사는 노벨평화상을 받았습니다. 인도 정부는 노벨평화상 을 받은 이듬해에 민간인에게 주는 최고훈장을 수여하고 기념 우 표를 발행하여 마더 테레사의 수상을 기렸지요. 1997년 그가 세상 을 떠났을 때는 국장으로 최고의 예우를 다했습니다. 힌두교인이 다수인 나라에서 활동하는 가톨릭 수녀인데도 말이지요.

마더 테레사가 유명해지면서 인도는 여러 가지를 희생했습니 다. 주리고 병든 사람을 돌보는 그의 헌신적인 모습이 알려질수록 인도의 이미지가 나빠졌거든요. 빈곤이 인도의 국가 브랜드처럼 되었는데요, 특히 그가 살던 콜카타가 그랬습니다. 도시 전체가 사 람 살 만한 곳이 아니라고 여겨졌지요. '시티 오브 조이'라는 역설적 인 이름이 붙은 도시가 빈민가의 이미지를 떨쳐내려면 100년이 걸 린다는 평가도 나왔습니다.

그래도 마더 테레사를 나쁘게 말하거나 '아웃사이더'라고 부정적으로 평가하는 인도인은 그때나 지금이나 드뭅니다. 그에 대한 비판은 오히려 외국에서 많이 나왔지요. 인도 정부는 세속주의를 채택하고 '선교'를 법적으로 금지하지만 그의 활동을 받아들였습니다. 더욱이 서벵골주는 30년간 공산당이 집권했는데요, "종교는 아편"이라고 말한 카를 마르크스의 신봉자들이 가톨릭 수녀에게 일절 간섭하지 않았지요. 2012년 한 언론 기관이 '독립 후 인도를 빛낸 열 명의 인도인'을 뽑을 때는 마더 테레사가 뽑히도록 많은 사람이 투표했고요. 2016년 성인으로 추서될 때도 외교부 장관을 바티칸에 파견했습니다.

마더 테레사는 "중요한 건 성공했느냐가 아니라 노력했느냐다"라고 말했지요. 언젠가는 "가난한 자에게 예수를 전도하는 수녀로서의 우리 삶에 다른 동기와 이유는 없다"라고 속내를 고백했습니다. 그렇지만 인도인들은 종교와 신념이 다른 그의 미션 활동과 노력을 존경하면서 물심양면으로 도왔는데요, 성자를 존중하고 성자가 많이 나는 나라답다고나 할까요. 영웅은 태어나는 것이 아니라 만들어진다는 말이 맞는 듯합니다.

# 무한대를 본 남자,
# 라마누잔

먼저 인도의 한 초등학교 저학년 산수 시간을 들여다보겠습니다. 교사가 나눗셈을 가르치고 있네요. 선생님은 칠판에 바나나 세 개를 그리고는 "여기 바나나가 세 개 있습니다. 세 명의 아이가 있다면 한 사람이 바나나를 몇 개씩 가질까요?"라고 묻습니다. 앞줄에 앉은 소년이 자신 있게 손을 들고 답하는데요, "한 사람이 하나씩 가집니다"라고요.

선생님은 "잘했어요. 그렇다면 100개의 바나나가 있고, 100명이 있다면 어떨까요?"라고 다시 묻습니다. 그때 머리를 갸웃거리던 한 학생이 손을 들고 엉뚱한 질문을 하네요. "선생님, 만약 바나나가 한 개도 없고 사람도 한 명도 없다면 각자는 몇 개의 바나나를 가지게 되나요?" 아이들은 멍청한 질문을 했다고 그 아이를 보며 깔깔 웃습니다.

하지만 선생님은 진지하게 답합니다. "바나나 세 개를 세 명이 나누면 한 사람이 한 개씩 가지게 되고 100개를 100명이 나누면 역시 각자가 바나나 한 개씩 가질 수 있어요. 하지만 저 친구의 질문처럼 0개의 바나나를 0명의 사람으로 나눈다면 어떻게 될까요? 한 사람이 하나씩 가지나요? 아닙니다. 이 문제의 수학적 정답은 각자가 무한대의 바나나를 가진다, 입니다"라고요.

훌륭하지요? 3 나누기 3, 100 나누기 100처럼 모든 수는 자기 자신으로 나누면 1이 됩니다. 그런데 0을 0으로 나누면 1일까요, 0일까요, 무한대일까요? 내로라하는 수학자들이 수 세기간 고민한 문제를 어린아이가 가볍게 생각해낸 건데요, 이 아이는 나중에 세계적인 수학자가 되었습니다. 바로 스리니바사 라마누잔입니다. 일반인에게는 낯설지만 수학적 분석, 정수론, 무한급수, 연분수 분야에 큰 발자국을 남긴 인물이지요. 1887년 인도 남부 지방에서 태어나 33년간의 굵고 짧은 일생을 살다 간 그를 만나보겠습니다.

서두의 일화처럼 어려서부터 수학에 재능을 보인 라마누잔은 11세에 이미 자기 집에 하숙하는 수학 전공 대학생의 실력을 넘어섭니다. 순전히 독학으로요. 대학에 진학한 그는 수학에 몰두하는 바람에 모든 과목에서 낙제하여 중퇴했습니다. 그러고는 서기로 취직하는데요, 머리에서 샘솟듯 떠오르고 눈앞에 펼쳐지는 복잡한 수학 공식을 적을 종이가 필요해서요. 라마누잔은 일하면서도 인도 수학 학회의 저널에 첫 논문을 발표했습니다.

그래도 수학 공부에 목마른 라마누잔은 자신이 발견한 수학 공

**세계적인 수학자로 짧은 인생을 살다 간 라마누잔**

식들을 검토해달라는 편지를 당대 세계의 유명 수학자들에게 보냅니다. 대다수 수학자는 이해할 수 없는 공식이 가득 담긴 그의 편지에 답하지 않았지요. 영국 케임브리지대학의 젊은 수학자 하디 교수만 달랐습니다. 쉬는 시간에 라마누잔이 보낸 열 쪽짜리 긴 편지를 읽은 하디 교수는 그가 천재라는 사실을 단박에 깨달았지요.

천재가 천재를 알아보나요. 유명한 수학자인 하디 교수는 훗날 자신의 최대 업적이 라마누잔을 발굴한 것이라고 농담처럼 말했습니다. 이런 말도 남겼는데요, "라마누잔의 수학에 관한 정리들은 진리일 것이다. 그 정리들이 진리가 아니라면 그걸 생각해낼 사람이 없기 때문이다"라고요.

하디 교수는 자신이 '제2의 뉴턴'을 발견했다고 기뻐했습니다. 그는 라마누잔을 영국으로 초청했지요. 수학 교육을 제대로 받은 적이 없는 라마누잔은 케임브리지대학에서 연구원으로서 하디 교수와 공동 연구를 시작했습니다. 1914년 27세의 나이로요. 짧은 기간에 영국과 유럽의 학술지에 40편에 이르는 논문을 발표했는데요, 1918년에는 약관 31세에 식민지 인도인으로 영국 왕립 학회 회원이 되는 영광도 얻었습니다.

하지만 빛이 환한 만큼 그에게 드리운 그림자도 짙었지요. 고향과 어머니를 몹시 그리워한 보수적인 인도 남부의 브라만인 라마누잔은 영국에서 문화적 차이로 어려움을 겪었습니다. 채식주의

자인 그는 먹는 문제로도 힘들었는데요, 여러 번 건강을 해칠 정도 였습니다. 결국 폐결핵에 걸려 귀국길에 오른 라마누잔은 이듬해 인 1920년 33세의 한창나이로 세상을 떠났지요.

"천재는 1퍼센트의 영감과 99퍼센트의 노력으로 만들어진다" 라고 말한 이는 미국의 발명왕 토머스 에디슨이었습니다. 그는 매 일 다섯 시간만 잠을 잤다고 알려졌지요. 이번에 소개하는 주인공 은 에디슨과 달랐습니다. 라마누잔은 영감으로 만들어진 신비한 천재로 불리는데요, 자신이 받드는 나마기리 여신이 복잡한 수학 공식과 정리가 적힌 두루마리를 자신의 눈앞에 죽 펼쳐 보인다고 고백했습니다.

그렇다면 그는 천재로 태어났을까요? 그렇지만은 않습니다. 라마누잔은 가난한 생활 중에서도 어려서부터 수학을 독학했고 식 민지인의 어려운 처지를 견디다가 생애 마지막에야 겨우 재능을 꽃피웠으니까요. 여러 번 큰 병에 걸리는 시련도 겪었고요. 그래도 수학에 대한 사유를 죽을 때까지 놓지 않았습니다. 그가 병상에서 남긴 마지막 수학 공식은 90년 만에야 실마리가 풀렸는데요, 그래 서인지 〈무한대를 본 남자〉라는 영화가 그 뒤에 나왔습니다.

세상에 거저 얻는 명성은 없지요. 노력하지 않는 천재도 없고 요. 어쩌면 라마누잔은 50퍼센트의 영감과 50퍼센트의 노력으로 만들어진 진짜 천재가 아니었을까요?

# 인도의 마키아벨리, 차나캬

인도의 CEO들에게 가장 인기가 높은 인도인을 한 사람 소개하겠습니다. 인도의 마키아벨리로 불리는 차나캬인데요, 그는 인도뿐만 아니라 서구에서도 유명합니다. 경영 관리나 리더십과 관련된 프로그램에서 자주 다루어지거든요. 그가 다스린다면 회사나 국가가 더 좋아질 것이라고 말하는데요, 어떤 인물이기에 그런 평가를 받는지 2300년 전에 살았던 그를 찾아가보겠습니다.

카우틸랴로도 불린 차나캬는 그리스의 알렉산더가 동방 원정에 나섰던 시대에 살았습니다. 인도를 정복하지 못하고 돌아간 알렉산더는 북부 지방에 그리스 군대를 남겼고 그 외세를 몰아내고 싶어 했던 사람이 바로 차나캬였습니다. 탁실라대학의 교수를 지낸 그는 여러 인도 왕들을 찾아다니며 그리스 군대와 싸우자고 말했으나 다 거절당했는데요, 그런 그가 우연히 골목에서 '왕 놀이'를 하는 소년을 보았습니다. 대개 아이들의 왕 놀이는 '저놈을 매우 쳐라!'와 같은 권력 행사가 보통인데 그 소년은 부정부패한 신하들을 꾸짖고 있었지요. 차나캬는 그가 왕의 재목, 왕이 될 인물임을 단번에 알아보았지요.

"내가 너를 진짜 왕으로 만들어주마."

알렉산더 대왕의 명성을 듣고 왕이 될 꿈을 키우던 소년은 차나캬의 도움을 받아 기원전 321년 진짜 왕위에 올랐습니다. 20세의 나이로 마우리아 왕조를 세운 찬드라굽타는 곧 차나캬의 뜻대로 그리스 군대를 인도에서 몰아냈고요.

외세를 몰아내는 꿈을 세우고 이룬 것, 유능한 인물을 알아보고 키운 점에서 차나캬의 비범함이 드러나는데요, 하지만 그건 시작에 불과했습니다. 차나캬는 인도 역사에서 가장 훌륭한 재상으로 평가될 정도로 뛰어난 행정 능력을 보였거든요. 평등 사회, 효율 행정, 법치 국가, 백성의 복지를 왕의 임무로 여긴 그는 지금의 수석비서관과 장관의 임무를 겸직하며 마우리아 왕조를 강력한 중앙집권 국가로 만들었습니다.

차나캬의 도움으로 마우리아는 점차 영토를 넓혀 인도 역사상 최초의 제국이 되었는데요, 첫 황제인 찬드라굽타는 오늘날 인도 영토의 밑그림을 그리는 대업을 달성했지요. 그리스의 기록은 당시 마우리아 왕조가 보병 60만 명, 기병 3만 명, 코끼리 9,000마리를 가진 강성한 나라라고 적었습니다. 경제적으로도 큰 번영을 누렸고요. 넓은 제국을 다스리기 위해 잘 만든 관료 조직과 첩자를 이용하는 정책도 썼습니다.

찬드라굽타를 도와 마우리아를 번영으로 이끈 차나캬의 통치술은 오늘날에도 새길 점이 많은데요, 그는 왕과 지배자가 무엇보다 백성을 행복하게 해야 한다고 여겼습니다. 국가 수입의 대부분을 백성에게 나누어주어야 한다는 그의 말은 지금의 '복지 정책'을 연상하게 하고요. 특히 세금을 되도록 적게 거두어서 백성에게 고통을 주지 않아야 한다고 여긴 점이 눈에 들어옵니다. 세금을 매기는 사람들이 신중함과 관대함을 가지고 마치 꿀벌이 꽃에서 꿀을 따듯 꿀벌도 살고 꽃도 사는 방식을 써야 한다고요.

차나캬는 좋은 참모였습니다. 매일 황제의 음식에 독을 조금씩 몰래 넣어서 독살 음모에 대비한 것도 그중 하나였지요. 황제가 독에 면역력을 가지기를 바라서였습니다. 제국 건설 과정에서 생긴 많은 적이 황제의 목숨을 노렸거든요. 당시 상황은 자객을 피하려고 황제가 매일 잠자리를 바꿀 정도였습니다. 어느 날 실제로 독이 많이 들어간 음식이 황제의 밥상에 올랐는데요, 독에 면역된 찬드라굽타는 무사했으나 겸상하던 황비가 목숨을 잃었습니다.

차나캬의 능력은 지적 해박함에서 나왔지요. 과학, 철학, 문법, 수학, 경제학, 정치학, 천문학, 점성학, 지리학, 농학 등 다방면에 뛰어난 지식과 지혜를 두루 가졌습니다. 그가 오늘날의 CEO들이 즐겨 읽는 책을 여러 권 남긴 건 당연한 결과였지요. 그중에서 《아르타 샤스트라》는 정치와 경제, 군사와 외교 등의 주제를 다루었고 《니티 수트라》는 윤리와 도덕에 대한 번뜩이는 경구가 가득한 책입니다.

몇 개를 인용해볼까요? 《니티 수트라》에는 "우정도 이득이 있어야 지속된다"라는 말이 보입니다. "사람이 달콤한 벌꿀을 보고 손가락으로 찍어 먹지 않을 수 없듯, 물속을 헤엄치는 물고기가 물을 먹지 않을 수 없듯 권력을 가진 자들이 공적 자금을 슬쩍하지 않을 수는 없다"라는 말은 앞에 말한 책에 나오는데요, 이러한 인간의 본성을 알고 대처하는 것이 리더의 자질이라고 설파합니다.

차나캬는 권력을 잡는 네 가지 방법에서도 '논리적 협상과 타협'을 1번으로 권하지요. 뇌물과 선물은 2번에 두고요. 기관이나 조직의 변화를 모색하는 리더에게도 가장 먼저 부하들을 설득하라고 일러줍니다. 만약 설득이 통하지 않는다면 인센티브를 주면서 설득하라고 차선책을 권하고요. '투쟁보다 대화'라는 점에서 그는 2,300년을 뛰어넘어 오늘날에도 통하는 지도자로 볼 수 있습니다. 자, 제가 좋아하는 차나캬의 전략을 소개하면서 마칩니다.

"독이 없는 뱀도 때로는 치명적인 독을 가진 것처럼 행동해야 한다."

# 마하트마를 만든 여성

2019년 10월 3일은 마하트마 간디의 탄생 150주년입니다. 간디는 1869년 인도에서 식민지배자 영국이 전성기를 누릴 때 태어났고, 1948년 1월 인도가 대망의 독립을 일군 지 5개월 만에 세상을 떠났습니다. 파란만장한 그의 한평생은 조국 해방을 향한 여정이었지요. 간디의 개인적 삶이 국가의 역사와 궤적을 같이한 드문 경우였습니다.

그래서 인도 정부는 나라의 아버지로 불리는 그의 탄생 150주년을 맞아 2년 동안 국내외에서 다양한 기념행사를 열었습니다. 식민지의 아픈 역사를 공유한 우리나라에서도 여러 행사가 벌어졌고요. 그렇지만 간디의 뒤에서 헌신적으로 지지하고 도운 부인의 존재감은 어디에서도 감지되지 않았습니다. 그래서 간디를 마하트마로 만든 부인 카스투르바의 잘 알려지지 않은 삶을 따라가보려 합니다.

카스투르바는 13세의 동갑내기로 모한다스 간디와 결혼했습니다. 그러니 2019년은 카스투르바 간디의 탄생 150주년이기도 하지요. 두 사람은 62년간 함께 살았는데요, 그동안 남편은 겁 많고 부끄럼을 잘 타던 시골 소년에서 대영 제국을 위협하는 위대한 인물로 성장했습니다. 그런 간디의 뒤에는 늘 카스투르바가 자리했지요.

행복한 결혼 생활은 짧았습니다. 기다림이 곧 카스투르바의 일상이 되었으니까요. 19세에 영국으로 유학 간 남편을 3년 넘게 두 아이를 키우며 기다린 아내는 귀국한 남편이 직장을 찾아 남아프리카로 떠나자 다시 3년을 고향에서 가족을 돌보며 기다렸습니다. 남편이 있는 남아프리카에 도착하니 간디는 이미 공적 인물이 되었지요. 이후 카스투르바는 간디가 영국에게 저항하다가 도합 9년을 감옥에서 보낼 때도 단식하고 기도하며 기다렸습니다.

고매한 뜻을 가진 인물의 아내로 사는 건 쉽지 않았지요. 간디는 당대의 가부장적 다른 남편처럼 다정하지 않았습니다. 요즘 식으로 말하면 나쁜 남편이었는데요, 아내와 의논하기보다 혼자 결정하고 통보했습니다. 세간의 입방아에 오른 대표적 사례는 간디가 30대 중반에 아내와 상의 없이 금욕, 즉 잠자리를 접은 것이지요. 독립운동에 전념하기 위해서였으나 카스투르바는 그래서 불행해 보인다는 주변의 야유와 시선을 혼자 감당했습니다.

불가촉천민을 공동체에 들여서 함께 생활한 간디가 아내에게 그의 요강을 치우라고 시킨 것도 언급할 만한 일이지요. 상인 카스트 출신인 20세기 초의 카스투르바는 차마 그것만은 못하겠다고 말했다가 집 밖으로 쫓겨났습니다. 아는 사람 하나 없는 이역만리 타국 아프리카에서 말이지요. 간디의 입장은 확고했습니다. 기쁜 마음으로 하지 않는다면 의미가 없다고요. 아내는 점차 그렇게 되었지요.

남아프리카에서는 인종 차별에 맞서고 1915년에 귀국해서는 식민 체제에 저항하는 운동을 이끈 간디 옆에서 아내는 묵묵히 도왔습니다. 뜻을 같이하는 사람들이 모인 자급자족 공동체(아슈람)의 운영과 관리, 즉 식사 준비에서 농장 일, 병자를 돌보고 노동자를 간호하는 임무 등 거의 모든 일을 그녀가 맡았는데요, 극단적인 채식과 빈번한 단식 투쟁으로 건강이 나쁜 남편의 섭생도 세심하게 책임졌습니다. 간디 주변의 모든 사람이 '어머니'라고 부르며 카스투르바의 도움을 바랐지요. 그에게는 사생활이 없었습니다.

그러면서도 카스투르바는 바깥일에도 최선을 다했습니다. 남아프리카에서 체포된 바 있는 그녀는 인도에 돌아와서 더 적극적으로 독립운동에 참여했다가 여러 번 투옥되었지요. 독방에 갇힌 적도 있습니다. 생의 마지막도 감옥에서 맞이했는데요, 1942년 영국에게 인도에서 떠나라고 요구하는 운동을 벌인 뒤에 체포된 간디 부부가 감옥에서 지낼 때였지요. 그때 간디는 감옥에서 21일간 영국에게 항의하는 단식으로 건강이 아주 위험했고, 그런 남편을 돌보기 위해 아내는 같은 감옥으로 옮겼습니다.

그런데 1944년, 간병인 아내가 간디보다 먼저 세상을 떠난 겁니다. 간디가 손수 물레로 자은 실로 짠 옷감을 입혀서 화장해달라는 유언을 남기고요. 감옥 마당에서 아내가 화장되는 과정을 여러 시간 내내 지켜보던 간디는 눈물을 흘렸습니다. "아내가 없는 내 인생은 생각할 수가 없다"라면서요. 그리고 몇 년 뒤 간디는 독립한 나라에서 암살을 당해 아내의 뒤를 따라갔지요.

간디는 언젠가 "아내의 지속적인 지지와 협조가 없었다면 나는 혼란에 빠졌을 것이다. 아내가 나를 깨어 있게 했고, 나의 서약을 진실로 만들었다"라고 적었는데요, 그 말대로 카스투르바는 간디의 동료이자 보호자로, 아내이자 친구로, 독립운동의 열혈 참여자로 큰 역할을 했습니다. 전 세계 수많은 사람에게 선한 영향력을 선사한 간디에게 진정한 영감을 준 사람이 바로 그였지요. 부부는 영혼의 동반자이므로 카스투르바도 마하트마 간디처럼 '위대한 영혼'이 되었을 겁니다.

# 나의 시신을 적에게 보이지 말라, 락슈미 여왕

영국은 한때 해가 지지 않을 만큼 많은 식민지를 가졌습니다. 물론 하루아침에 이루어지지 않았지요. 여러 나라와 싸워 이기면서 영토를 넓혔습니다. 그 과정에서 수많은 상대편을 만나 치열한 전쟁을 치렀고요. 그중에서 영국이 가장 무서워한 적은 누구일까요?

2012년 영국 런던의 국립 군사 박물관이 그 답을 찾았습니다. 17세기 이후 영국이 맞서 싸운 '가장 위대한 적 다섯 명'을 온라인 투표로 선정했는데요, 미국의 조지 워싱턴이 1위, 프랑스의 나폴레옹이 3위, 독일의 롬멜이 4위에 들어갔습니다. 20명의 후보자 명단에는 두 명의 인도인이 포함되었지요. 그중 한 명이 20명에 든 유일한 여성이었습니다. 국립 군사 박물관은 그 인도 여성을 "가장 용감하고 가장 위험한 반군 지도자"라고 표현했지요.

대영 제국이 가장 무서워한 여성은 락슈미바이입니다. 무섭기는커녕 아름다운 모습의 그는 델리 남쪽의 작은 나라 잔시의 왕비였지요. 인도 역사상 가장 용맹한 여성으로 꼽히는 락슈미바이는 우리나라 교과서에도 나옵니다. 유럽에서는 '인도의 잔 다르크'라는 별명으로 불리고요.

그녀가 영국과 맞서 싸운 시기는 1800년대 중반, 그의 나이 겨우 20대 초반일 때였습니다. 거의 모든 여성이 집 안에만 있던 시대였으니 그야말로 시대를 앞선 선구자적 인물이었지요. 구중궁궐의 왕비에서 영국의 무서운 적이 된 그녀의 생을 따라가볼까요?

락슈미바이는 4세 때 어머니를 잃었고, 관리를 지낸 아버지가 홀로 키운 딸이었습니다. 선견지명이 있었는지 그의 아버지는 락슈미바이에게 승마와 활쏘기, 레슬링과 검술을 가르쳤지요. 14세 때 왕자와 결혼하여 아들을 낳았으나 곧 아들을 잃는 아픔을 겪었습니다. 왕위를 이으려고 양자를 들였는데 남편이 사망하면서 문제가 생겼지요. 1856년 무소불위의 영국이 왕위 계승자가 없다고 왕국을 영국령에 합방해버린 건데요, 양자를 왕위 계승자로 인정하는 현지의 전통을 무시하고 왕국을 빼앗았습니다.

"나는 아이의 엄마이자 국모이다. 과거는 지나갔으니 미래를 보자!"

어린 왕비는 가혹한 운명에 도전했습니다. 왕국을 포기하지 않겠다고 선언했지요. 남편이 죽으면 머리를 깎고 절에 들어가던 당시의 관습을 따르지 않은 왕비는 스스로 여왕이 되어 나라를 진두지휘했습니다. 영국 군대와 싸울 의용군을 모집하자 여왕의 결단

에 감동한 1만 4,000명이 즉시 모여들었지요. 여왕은 성대한 의식을 열어서 백성들을 우선 안심시키고는 의용군에게 군사 훈련을 실시했습니다.

곧이어 영국에 대한 항쟁이 북부 지방에서 시작되었고, 많은 민간인이 봉기했습니다. 잔시의 백성들도 무기를 들었는데요, 여왕은 선두에서 의병과 백성 들을 이끌었습니다. 어렸을 때 승마와 검술을 배운 그녀는 준비된 장군이었지요. 여성은 연약해도 어머니는 강하다고 하던가요? 백성 들의 국모가 된 락슈미바이는 머리카락을 짧게 자르고 열심히 싸웠습니다. 여성들도 포탄과 식량을 나르며 나라를 지키는 데 동참했고요.

하지만 우세한 군사력을 보유한 영국군이 왕국의 성문을 열었고 의용군과 백성 등 5,000여 명을 학살했습니다. 락슈미바이는 양손에 칼을 들고 말의 고삐를 입에 문 채 성벽을 뛰어넘어 탈주했는데요, 아주 놀라운 행동이었습니다. 왜냐하면 여왕의 등에는 4세 아들이 업혀 있었으니까요. 의용군 1,500명이 여왕의 뒤를 따랐습니다. 이웃 나라와 손을 잡은 락슈미바이 여왕과 부하들은 영국에게 격렬히 저항했는데요, 인도 근대사의 큰 분수령인 1857년의 대항쟁에서 가장 치열하게 싸웠고 가장 최후까지 영국을 괴롭힌 적

▷ **인도의 잔 다르크로 불리는 락슈미바이**

이 여왕의 군대였습니다. 그녀의 리더십이 빛났지요. 마지막이 다가오자 함께 싸우던 지휘관들은 다 도주했고, 칼에 찔리고 총에 맞은 여왕만 남았습니다. 그는 대항쟁에서 싸우다가 죽은 유일한 지도자였지요. 죽으면서도 부하들에게 이렇게 일렀습니다.

"나의 시신을 적에게 보이지 말라!"라고요. 그것이 여왕의 자존심이었지요. 부하들은 전투복을 입은 여왕의 시신을 집 안으로 옮기고 그 집을 불태워 흔적을 없앴습니다.

"우리는 독립을 위해 싸운다! 이기면 승리의 열매를 맛볼 것이요, 지면 불멸과 구원을 얻을 것이다!"

여왕은 싸우기 전에 부하들에게 이렇게 외쳤는데요, 락슈미바이는 죽었으나 그 말대로 역사에 남는 불멸의 존재가 되었습니다. 1947년까지 계속된 독립운동의 아이콘이었으니까요. 독립운동가들은 여왕의 용맹과 진취성을 기억하며 영국과 싸웠습니다. 1940년대 창설된 인도 국민군의 여군 부대에는 여왕의 이름을 붙이고요.

락슈미와 싸운 영국인도 그녀를 칭송했습니다. 당시 항쟁을 진압한 영국의 로즈 장군은 락슈미바이를 "가장 용감하고 가장 뛰어난 적장"이라고 회고했지요. 용장과 지장의 자질을 갖춘 '반군 중 유일한 남성'이라는 평가도 나왔고요.

인도에서는 오늘날 여왕의 동상을 많이 볼 수 있습니다. 아이를 업은 채 말을 타고 장검을 휘두르는 씩씩한 모습인데요, 여왕을 기리는 기념 우표가 나왔고, 그의 이름을 딴 대학과 여학교도 있습니다. 운명에 굴하지 않고 위엄과 자존심을 지킨 락슈미바이를 역할 모델로 여기는 여학생도 많지요. 여왕이 주인공인 전기와 소설, 영화와 TV 드라마, 비디오 게임을 통해 150년이 훨씬 지난 지금도 그에 대한 추모가 지속됩니다. 적군까지 감탄했던 인물이었으니 당연하다고나 할까요. 문득 일본인 적장도 존경했던 우리의 이순신 장군이 생각납니다.

# 5세의 깨달음과
# 노벨상

만 5세의 어린 나이에 얻은 깨달음을 발판으로 노벨평화상을 타게 된 인물이 있습니다. 2014년 파키스탄의 말랄라 유사프자이와 공동 수상의 영예를 안은 카일라시 사티아르티인데요, 35년간 아동과 청소년의 교육과 인권 향상에 공헌한 공로를 인정받았습니다.

그가 아동 인권에 관심을 가지게 된 건 초등학교 입학식 날이 었지요. 그날, 사티아르티는 교문 앞에서 신발 수선공의 잔심부름을 하는 자기 또래의 아이를 보았습니다. 가난한 수선공의 아들인 그는 학교에 다니지 않았지요. 매일 등하굣길에 일하는 아이를 보는 것에 마음이 아팠던 어린 사티아르티는 어느 날 아이의 아버지에게 다가가 따졌습니다. "왜 아들을 학교에 보내지 않나요?"라고요. 신발을 꿰매던 아이의 아버지는 "세상에는 태어날 때부터 일해야 하는 아이들이 있단다"라고 답했는데요, 만 5세의 아이는 그 말을 이해하지 못했습니다. 알아도 할 수 있는 것이 없었고요.

하지만 20년 뒤에는 달랐지요. 20대 중반의 사티아르티는 아동 보호 운동을 시작했습니다. 대학에서 석사 과정을 끝내고 델리에 본부를 둔 아동 구호 운동Bachpan Bachao Andolan, BBA을 세우면서요. 그러고는 노예 노동과 성적 착취를 당하는 아이들을 구출하여 무료로 교육했습니다.

가난해서 꿈 많은 어린 시절을 잃고 일하는 아이들이 많았는데요, 사티아르티가 노동 현장에서 구해낸 아동은 8만 6,000명에 달했습니다. 값싼 노동력을 빼앗기지 않으려는 고용자들과 충돌하는 일이 빈번했지요. 목숨을 잃을 뻔한 적도 있었고요. 그런데도 그는 만 5세 때 느낀 부당함을 잊지 않았습니다.

1998년에는 8만 킬로미터에 이르는 글로벌 대장정에 나섰습니다. 아동 노동을 착취하여 만든 상품의 소비국들을 방문, 아동 노동에 대한 반대를 호소한 겁니다. 바닥에 까는 아름다운 카펫은 거의 다 아이들의 고사리손으로 만들어진다는 걸 알렸습니다. 저임금으로 장시간 일한 아이들 덕에 그들이 구매한 상품이 저렴했다고요. 사티아르티가 6개월 동안 찾은 나라는 103개국이나 되었습니다.

그렇게 그는 아동 노동에 대한 문제를 국제화했는데요, 처음부터 아동 노동을 인권과 복지 문제로 간주했습니다. 발전과 성장을 말하면서 미래의 주인공인 아동을 매매하고 노예화하며 성적으로 이용하는 상황을 묵과해서는 안 된다고요.

그가 대장정으로 아동 인권에 대한 경각심을 고취한 이듬해인 1999년에 국제 노동 기구는 아동 노동에 반대하는 헌장을 채택하여 그의 운동을 지지했습니다. 노벨평화상을 받은 다음 해에는 아동 친화적인 세계를 만들기 위해 사티아르티의 이름을 딴 아동 재단이 출범했고요. '세계의 위대한 리더'에도 선정되었습니다.

그런데 저에게 호기심을 불러일으킨 건 사티아르티라는 성씨였습니다. 한 번도 들어본 적 없는 이름이었지요. 이름이 낯선 이유는 그가 '진리를 추구하는 사람'이라는 뜻의 사티아르티로 개명했기 때문인데요, 사티아, 곧 진리는 그가 존경하는 마하트마 간디가 평생 추구한 가치였습니다. 사티아르티에게 사람을 상하로 나누는 카스트 제도는 진리가 아니었고, 그래서 상층 카스트임을 드러내는 자신의 성을 기꺼이 버린 겁니다.

여기에도 사연이 숨어 있습니다. 15세 소년이던 그는 카스트 차별을 없애려고 동네의 불가촉천민을 설득하여 음식을 준비하게 했지요. 그러고는 일대의 정치인들을 찾아다니며 불가촉천민 집에서 저녁 식사를 같이하자고 제안했습니다. 서로 다른 카스트들이 함께 식사하는 것이야말로 카스트 차별의 금기를 깨는 최적의 수단이라고 여긴 겁니다. 카스트 제도에 반대한다고 소리를 높여온 정치인들은 모두 그의 초대를 수락했습니다.

하지만 식사 시간이 지났어도 아무도 나타나지 않았지요. 사티아르티가 다시 찾아가자 그들은 뒤따라갈 테니 먼저 가라고 말했지만 자정이 될 때까지 단 한 사람도 나타나지 않았습니다. 결국 목욕재계하고 가장 깨끗한 옷으로 갈아입고 새로 산 그릇으로 음식을 장만한 불가촉천민과 그와 둘이서 밥을 먹었는데요, 그 식사로 소년 사티아르티는 부정 탔다고 마을에서 천민 대우를 받았습니다. 오염된 몸을 정화하라는 압박을 거부한 소년은 브라만에 속하는 자신의 성을 버리고 진리를 따르는 사람이라는 의미의 사티아르티가 된 겁니다.

500년 전에 영국에서 살았던 작가 셰익스피어의 희곡 〈십이야〉에는 "어떤 사람은 위대하게 태어나고, 어떤 사람은 위대함을 성취하며, 어떤 사람은 위대함이 주어진다"라는 대목이 나옵니다. 그 기준을 따른다면 사티아르티는 위대함을 성취한 셈입니다. 제 목소리를 내지 못하는 아동을 위해 열심히 싸우면서요.

사티아르티는 분노가 부당함과 싸울 힘을 주었다고 고백했습니다. 만 5세 때 교문 앞에서, 15세 때 천민과의 저녁 식사에서 느낀 분노를 25세 때부터 생각으로 바꾸고 그 생각을 행동으로 옮기면서 조금 더 좋은 세상을 만들려고 노력했다고요. 그것이 그의 진리였고, 그는 진리를 추구하는 위대한 사람이 되었습니다.

# 자기를 비판한 지도자, 네루

언젠가 인도의 일간지를 읽다가 흥미로운 일화를 본 적이 있습니다. 1937년 영국의 지배를 받던 시대에 일어난 일이었습니다. 콜카타에서 발행되는 유명한 영어 신문에 당시 독립운동을 주도하던 자와할랄 네루에 관한 한 독자의 기고문이 실렸는데요, 차나캬라는 기고자의 글은 간디의 후계자로 인도 국민회의를 이끄는 네루 총재를 신랄하게 비판했습니다. 그가 "다른 사람들에게 관용적이지 않고, 약자와 비효율적인 사람을 경멸"한다고요. 또한 네루의 자만심이 "이미 도를 넘어서 조만간 스스로 황제로 여길 것"이며 권력을 남용하게 될 우려를 표했습니다.

사람들은 신문 기사를 보고 깜짝 놀랐지요. 그때 네루를 비판하는 행동 자체가 비판받을 일이었거든요. 간디가 이끈 소금 행진 이후 독립운동이 거세지자 영국은 지방 정부를 인도인에게 이양하는 법안을 통과시켰고 그 법에 따라 실시된 지방 의회 선거에서 인도국민회의가 대승리를 거둔 상황이었습니다. 11개 주 중에서 일곱 개 주를 장악해서 영국 지배자의 간담을 서늘하게 만들었는데요, 당 총재인 네루가 전국을 누비며 열성적으로 유세를 벌인 덕이었습니다. 그는 무려 8만 킬로미터가 넘는 땅을 밟으며 한 표를 호소했지요.

"누가 네루를 비판했을까?"

독자들은 선거에 이긴 영웅을 따끔하게 비판한 글을 읽고 기고자가 누구인지 궁금해했지요. 고대 마우리아 왕조에 살았던 현명한 재상의 이름인 차나캬라는 필명은 독자들이 처음 보는 이름이었습니다.

그런데 아주 나중에 차나캬라는 필명의 기고자가 놀랍게도 네루 자신이었던 것으로 드러났습니다. 그는 지방 선거에서 대승리를 거둔 권력의 정점에서 타인의 눈으로 국민회의와 총재인 자신을 비판했던 겁니다. 성공과 자만심을 경계한 것이지요. 네루는 자만하면 곧 망한다는 것을 알고 있었습니다. 지방 자치에 만족하지 않고 완전한 독립을 이루려고 자신을 냉정하게 돌아본 그는 그렇게 앞으로 나아갔지요.

10년 뒤인 1947년 네루는 마침내 완전한 독립을 이룬 나라의 초대 총리가 되었습니다. 성공한 변호사인 아버지가 물려준 유복한 생활을 뒤로하고 고통과 위험으로 점철된 긴 반영 투쟁의 길을 걸어온 결과였는데요, 40년간 독립운동을 하면서 아홉 번에 걸쳐

의회 민주주의를 확립한 네루

총 9년간 감옥에 갇혔던 그는 권력에 집착하지는 않았으나 나라의 새로운 운명을 짜야 할 막중한 책임을 떠맡았습니다.

독립 후 그의 존재감은 전 분야에서 느껴졌지요. 독립 이전 지방 자치를 통해 국가 경영을 경험한 그의 견해는 외교 정책, 경제 개발 5개년 계획, 인구 문제에 이르는 모든 분야와 정책에 반영되었습니다. 대체로 큰 실패는 없었으나 큰 성공도 없었다는 평가인데요, 강한 리더십이 부족했다는 말이 나왔습니다. 앞서 인용한 일화를 보면 그럴 만도 하지요? 의견을 내는 것과 그것을 강제하는 건 다른 문제니까요.

아마도 네루의 가장 빛나는 업적은 민주주의를 정착시킨 걸 겁니다. 사상과 표현의 자유를 존중한 그는 의회 민주주의를 확립하고 사법부의 독립을 이루었는데요, 민주주의야말로 다양한 인종과 넓은 영토를 가진 인도를 한데 묶고 사회적 불평등을 줄일 수 있는 최선의 제도라고 여겼습니다. 배우지 못하고 가난한 보통 사람들과 그들의 판단을 믿었지요. 그래서 네루는 영국이 인도에서 한 번도 실시하지 못한 보통 선거를 독립하자마자 시행했습니다. 풀뿌리 민초의 희망과 절망을 표현하고 민주 교육을 익히는 수단이 선거라고 여기면서요.

덕분에 인도는 참정권과 언론 자유를 보장하고 노동 운동을 허용하는 높은 수준의 민주주의를 지난 70년이 넘게 지켜왔습니다. 2014년에 치러진 총선의 유권자는 8억 1,400만 명이었고, 5억 5,000만 명이 한 표를 행사했는데요, 승리를 거둔 총리 내정자는 선거 결과를 보자마자 트위터에 "인도가 이겼다!"라고 올렸습니다. 그 많은 인구가 '세계 최대의 민주주의'를 실천하는 사실이야말로 인도의 승리, 네루의 승리를 의미하지요.

다재다능한 네루는 독립운동을 하다가 감옥에 있을 때마다 국가에 대한 문제를 사유하고 많은 글을 썼습니다. 딸에게 보내는 편지 형식의 《세계사 개관》과 《자서전》, 5,000년 인도 역사를 개관한 《인도의 발견》이 9년여의 감옥 생활에서 탄생했지요. 그런 과정을 통해 자신과 역사를 돌아볼 기회를 가진 것이 지도자로서의 장점이 되었습니다.

네루는 17년간 총리로 재임했으나 독재로 흐르지 않았는데요, 동시대 아시아와 아프리카의 장기 집권자들과 달리 불행한 정치 역정을 겪지 않고 민주주의의 기틀을 다졌습니다. 총리가 되기 훨씬 전에 신문 기고를 통해 자기를 검열했듯 권력 남용을 경계했기 때문이지요. 자신에게 엄격하고 타인에게 관대한 건 리더의 큰 덕목입니다. 네루 총리가 아저씨(차차지)라는 별칭으로 불리며 국민의 사랑을 받은 것이 그래서였지요.

# 2장

## 아주 오래된 지혜,
## 신화에서 배우다

We live in a world defined by myths.
Myths are not lies, they are truths wrapped in stories.

우리는 신화로 규정된 세상에 살고 있다.
신화는 거짓이 아니고 이야기로 감싼 진실이다.

– 데브더트 파타나익

# 가네샤 신과 함께
## 시작을

넓은 영토와 많은 인구를 가진 인도는 종종 코끼리로 불립니다. 영어로 크다는 의미가 있는 맘모스, 즉 매머드가 빙하기에 살던 코끼리인 것처럼요. 물론 인도에서 코끼리는 크다는 의미 이상입니다. 중국이 그 문화에 뿌리를 내린 용으로 호명되듯 코끼리도 인도 문화와 깊은 연계가 있는데요, 예로부터 조각, 공예 등 예술의 주요 명제였던 코끼리는 근대 이전까지 그들을 얼마나 보유했느냐에 따라 군사력의 지표가 되었습니다. 인도의 첫 제국인 고대 마우리아 왕조는 9,000마리, 15세기 남부의 대제국 비자야나가르 왕조는 1,200마리의 전투 코끼리를 가졌다고 하지요.

코끼리는 대다수 인구가 믿는 힌두교의 신화에 맨 처음 등장하는 동물입니다. 시바 신의 아들인 가네샤 신으로 나오는데요, 머리가 코끼리이고 몸체는 사람의 모습입니다. 올챙이 배처럼 불룩 나온 배를 자랑하는 장난스러운 모습이지요. 지금도 많은 이들이 좋아하고 자본주의의 발달과 함께 나날이 인기가 올라갑니다. 특히 경제와 상업의 중심지 뭄바이와 그 주변 지역에서는 가네샤 축제가 성대하게 열리면서 큰 사랑을 받지요.

요즘은 날씬한 몸을 선호하지만 한때는 우리나라에서도 뱃살이 두둑한 사람을 성공한 사람으로 여긴 적이 있습니다. 같은 맥락으로 가네샤의 불룩 나온 배는 인도에서 부와 번영을 상징합니다. 특히 돈과 물질주의가 도드라지는 요즘에는 가네샤가 락슈미 여신과 함께 부의 신으로 큰 추앙을 받고 있지요. 인구가 많이 사는 농촌에서는 풍작과 결부되어 숭배를 받습니다. 가네샤가 구름과 친해서 농사에 필수인 비를 내리게 한다는 오랜 믿음에서요.

행운을 가져오는 가네샤는 큰일을 시작하기 전에 가장 먼저 숭배하는 신입니다. 그래서 새로운 사업을 시작하는 비즈니스맨이나 집과 빌딩을 새로 올리는 건물주는 가네샤에게 먼저 잘되기를 비는데요, 입학 시험이나 취직 시험을 앞둔 수험생들도 시험을 잘 보게 도와달라며 코끼리 신을 찾고요. 저처럼 책을 쓰는 작가들은 좋은 글이 나오도록 도와달라고 소원을 빕니다.

그 논리는 코끼리가 성공을 가로막는 장애물을 치워주어서 성공을 돕는다고 믿어서지요. 실제로 코끼리는 큰 코로 아름드리나무를 쓰러뜨리는 힘이 있으면서도 그 코를 사용하여 작은 바늘을 집어 들 수 있을 정도로 정교한 능력도 지녔습니다. 코끼리 얼굴을 한 가네샤 신이 모든 문제를 처리하는 해결사로 여겨지게 된 이유입니다.

또 다른 이유도 있는데요, 힌두 신화에는 가네샤가 타고 다니는 자가용이 생쥐로 나옵니다. 생쥐는 외모가 비호감이어도 작은 몸으로 컴컴한 구멍이나 좁은 통로를 지나갈 수 있고, 이는 생쥐를 타고 다니는 가네샤가 난관과 장애물을 극복할 수 있다는 의미를 뜻합니다.

하지만 가네샤의 가장 큰 문제 해결력은 이런 물리적 힘이 아니라 그가 소지한 지혜입니다. 먼저 이와 관련된 재미있는 이야기를 들려드리지요.

어느 날 특별한 능력을 가져다준다는 전설을 가진 과일 망고를 하나 얻은 시바 신과 그의 아내 파르바티 여신은 나이 어린 두 아들을 부릅니다. 문제를 먼저 푸는 사람에게 망고를 주겠다는 말을 들은 작은아들 가네샤와 바람의 신으로 불리는 큰아들 카르티크는 눈을 반짝이며 대결을 기다리지요. 세상을 세 바퀴 먼저 돌고 온 사람에게 망고를 주겠다는 부모의 말이 끝나자마자 카르티크는 재빨리 자가용인 공작새를 타고 날아갔습니다.

코끼리 머리에 짧은 다리를 가진 가네샤가 형 카르티크를 이길 수는 없었지요. 생쥐를 타고 다니는 그가 공작새를 타고 날아가는 형과 경쟁하는 건 불가능하니까요. 가네샤는 제자리에서 곰곰이 이길 방법을 생각하는데요, 그사이에 형은 벌써 세상을 두 바퀴 돌았습니다. 형이 세상을 세 번째 돌려고 날아가자 가네샤는 그제 야 자리에서 일어섭니다. 그러고는 부모가 앉아 있는 자리를 세 바 퀴 빙 돌았습니다. 무슨 뜻이냐는 부모에게 가네샤가 미소를 지으 며 이렇게 이야기합니다.

"어린 저에게 세상은 부모님이 전부입니다. 그래서 두 분이 앉 아 있는 곳을 세 번 돌았어요. 두 분이 저의 세상이니까요."

그 대답에 감탄한 부모는 망고를 작은아들 가네샤에게 주었습 니다. 느린 그가 몸이 날랜 형을 이긴 건데요, 파랑새, 즉 진리는 멀 리 있지 않고 가까운 데 있다는 메시지를 전하는 이 이야기는 나이 와 계층에 따라 다르게 해석되며 '생각'이 가진 힘을 알려줍니다. 어린아이들에게는 부모님을 존중하라고 가르치고요. CEO들에게 는 '빠른 것이 전부는 아니다'라거나 '기존의 틀을 맹종하지 말고 발 상을 전환하라'고 조언합니다.

최선을 다해 경쟁했으나 마술 망고를 놓친 큰아들에게는 짠한 마음이 들지요. '너는 세상을 돌았고, 가네샤는 그의 세상을 돈 것 이다'라고 말하고 싶은데요, 세상을 보는 관점이 다를 뿐 그가 잘못 한 건 아니었습니다. 다름을 인정하는 것, 그게 문화입니다. 인도의 신화에서는 밖으로 돌기보다 내적 성찰을 은유하는 가네샤가 인정 받은 거고요. 새롭게 무언가를 시작할 때는 코끼리 신 가네샤의 문 제 해결력과 지혜를 짚어보면 어떨까요?

# 눈먼 부모
# 이야기

오늘날 아프가니스탄의 칸다하르, 즉 '간다라'는 인도 영토였던 적이 많았습니다. 2500년 전 그 간다라 왕국에 아름다운 공주가 살았는데요, 이름이 간다리였습니다. 착하고 어여쁘다고 소문난 공주는 시바 신을 독실하게 받들었지요. 신심에 감동한 시바가 나타나 100명의 아들을 점지하겠다고 약속할 정도로요. 그런데 문제는 그 소문을 들은 델리 인근의 쿠루 왕족이 간다리 공주를 탐낸 겁니다. 왕위 계승자인 아들을 낳지 못할까 봐 걱정이던 그들은 100명의 아들을 낳는다는 공주가 마음에 쏙 들었지요.

간다라 왕은 딸의 결혼이 내키지 않으나 작은 왕국이라 힘센 쿠루 왕국의 군사적 위협을 받고는 결국 공주를 시집보냅니다. 그런데 간다리 공주에게는 얄궂은 운명이 기다리고 있었습니다. 쿠루의 맏왕자 디리타라쉬트라와 결혼한 첫날 밤에 신랑이 앞을 못 보는 장애인인 걸 알게 된 겁니다. 그리고 그 장애 때문에 맏아들이지만 왕위를 계승하지 못하고 의붓동생인 판두에게 왕권을 넘긴다는 사실도요.

그런데도 2,500년 전의 간다리 공주는 운명을 받아들이기로 마음먹습니다. 남편의 고통을 분담한다는 의미로 자신의 눈을 비단 천으로 가리고 앞을 못 보는 사람으로 남은 생을 살 것을 결심하는데요, 남편에게 헌신하려고 자발적 시각 장애인이 됩니다. 그래서 간다리는 인도에서 아주 오랫동안 좋은 아내이자 남편에게 희생하고 헌신하는 여성의 이상형으로 추앙되었습니다. 물론 일부 학자는 자발적 시각 장애인이 된 간다리의 결정이 속임수 결혼을 당한 것에 대한 분노의 표현이라고 해석하지만요.

그런데 간다리보다 더 분노한 사람이 있었습니다. 간다리의 친오빠 샤쿠니였지요. 그는 군사력을 앞세워 누이동생을 속인 쿠루 왕가에 대한 복수를 피로써 다짐합니다. 앞을 못 보는 간다리의 남편을 제치고 왕이 된 판두와 그의 아들 다섯 명의 판다바 형제를 파멸시키는 걸 삶의 목표로 삼고요. 그래서 그는 판다바 5형제와 간다리의 아들 카우르바 100형제 사이에 불화를 조장하고 이간질로 날을 보냅니다. 특히 그는 간다리의 큰아들인 두료다나에게 악의 씨앗을 뿌리고 갖은 악행을 부추겨 악을 키우는데요, 그래서 인도에서는 샤쿠니가 세상에서 피해야 하는 악인의 전형으로 일컬어졌습니다.

시바 신의 축복을 받아 100명의 아들을 낳은 간다리는 성품이 나쁜 오빠가 자식의 인생에 끼어드는 걸 경계합니다. 외삼촌의 악영향을 받는 자식들을 지지하지 말라고 남편에게도 부탁하고요. 하지만 앞을 못 보고 왕위를 물려주지 못하는 아버지는 자식들에게 관대합니다. 결국 바르고 단호한 성품의 간다리도 사랑하는 아들들에게 눈이 멀었고요.

그런 점에서 간다리는 남편에게 헌신한 양처였습니다. 하지만 자식들에게 현모는 아니었습니다. 눈먼 아버지와 눈을 가리고 사는 어머니를 둔 자식들이 불안하게 성장하는 것에 무심했다고나 할까요. 자식이 잘되기를 바라는 엄마의 마음은 여느 엄마와 같았으나 눈을 가린 간다리는 아들의 결점을 보지 못했습니다. 그래서 제때, 제대로 가르치지 못하지요. 올바른 삶과 평화의 중요성에 대해서도요.

특히 어머니의 따뜻한 사랑을 받지 못해서 어릴 때부터 말썽을 일삼은 맏아들 두료다나는 외삼촌 샤쿠니의 세뇌를 받아서 사촌인 판다바 5형제를 증오하고 죽이려고 온갖 음모를 꾸밉니다. 그래서 그는 싸우지 말고 왕국을 나누어 가지자는 판다바 쪽의 제안을 거절하는데요, 결국 다섯 명의 판다바 형제와 간다리의 자식 카우르바 형제 백 명은 영토를 두고 실질적 전쟁에 돌입합니다.

두료다나는 이렇게 외치지요. "개가 고기 조각을 두고 싸우듯 우리는 영토를 두고 싸운다"라고요. 사촌 형제들 간의 영토 혈전은 인도 전역의 크고 작은 왕국이 가담하면서 대규모로 확전합니다.

이 이야기가 저 유명한 대서사시 〈마하★바라타(인도)〉인데요, 약 2,500년 전부터 구전되다가 훗날 문자화되었습니다. 길이가 무려 10만 6,000구, 즉 21만 2,000줄에 달하는 방대한 분량이지요. 결국 18일의 길지 않은 전쟁에서 악의 축으로 여겨지는 간다리의 아들들은 다 죽습니다. 가족 간의 전쟁에도 자비란 없으니까요.

100명 아들의 시체가 널린 전쟁터로 간 간다리는 울부짖습니다. "왜 죄를 덜 지은 한 명만이라도 살려두지 않았나요?"라고요. 하지만 때는 늦었습니다. 보아야 할 것을 제때 보지 않았고 그래서 엇나간 자식들에게 남들과의 공존법을 가르치지 못한 슬픈 결과였지요. 간다리는 악당의 아들을 둔 어미는 울지도 못하는 거라며 이를 악물지만, 가린 안대 사이로 눈물을 흘립니다. 자식을 잃은 어머니의 고통은 어디에도 비길 수 없으니까요.

간다리의 이야기는 볼 수 있는 것과 볼 수 없는 것에 대해 생각하게 하는데요, 사실 간다리와 그의 남편이 앞을 못 보는 인물로 대서사시에 등장하는 이유가 있습니다. 부모가 자식의 잘못이나 결점을 제대로 못 본다는 점을 은유합니다. 간다리와 달리 눈으로 자식을 볼 수 있는 세상의 부모들이 자식의 행동거지를 제대로 못 보거나 문제가 보여도 사랑의 이름으로 감싸는 일이 많다는 것을요. 그 결과는 대서사시의 결과처럼 때로 엄청날 수 있다고요.

사랑에는 분명 독이 숨어 있습니다. 그래서 부모의 역할이 막중하지요. 사랑의 매를 활용하며 잘 길러주신 부모님에게 감사한 이유가 여기에 있습니다.

# 어떤 스승과 제자

개인적인 이야기를 해보려 합니다. 저는 강원도의 시골에서 자랐는데요, 거기서 학년당 학급이 하나인 초·중·고를 다녔습니다. 매일 편도 6킬로미터 길을 걸어서요. 그런 조건이라 동창생 중에서 대학을 나온 이는 저뿐입니다. 선배도 없고요. 서울에서 홀로 유학을 마친 저는 그보다 100배 낯선 인도에서 공부했습니다. 자연히 저에게는 우리 사회에서 유용한 지연, 학연, 혈연이라는 연줄이 하나도 없지요. 그래서 젊은 시절에 이 문제로 마음이 소란스러울 때 위안받은 인도의 유명한 신화를 소개해보려 합니다.

　제가 자란 강원도 산골보다 더 깊은 인도 정글에서 한 소년이 살았습니다. 이름이 에클라비야인데요, 대서사시 〈마하바라타〉에 등장하지요. 어릴 때부터 활쏘기를 좋아하고 소질까지 타고난 이 소년은 위대한 궁사가 되고 싶었습니다. 하지만 시골에는 그를 가르칠 만한 사람이 없었지요. 좋은 스승 밑에서 제대로 활쏘기 기술을 연마하고 싶었던 에클라비야는 유명한 스승을 찾아 수도의 왕궁을 찾습니다. 왕자들에게 궁술을 가르치는 훌륭한 스승이 있다고 들어서였지요.

희망에 부푼 소년은 어렵사리 훌륭한 스승으로 명성이 자자한 드로나를 만나지만 냉혹한 현실 세계에 직면합니다. 쿠루 왕가의 왕자들을 가르치는 드로나는 눈을 반짝이며 배움을 청하는 에클라비야에게 가장 먼저 카스트가 무엇인지 물었습니다. 그러고는 소년이 숲에 사는 부족민이라고 답하자 단박에 청을 거절합니다. 브라만인 자신은 크샤트리아에 속하는 왕자들만 가르친다면서요. 그리고 당시 기준으로 숲에 사는 부족민은 하층 카스트라 그의 제자가 될 수 없다고요.

자신이 솔잎을 먹는 송충인 걸 확인하고 숲으로 돌아온 에클라비야는 꿈을 접지 않았는데요, 왕실의 스승인 드로나의 실물 크기 형상을 진흙으로 빚어서 마당에 세우고 그 앞에서 매일 활을 쏘았습니다. 진짜 스승이 지켜보는 것처럼 진흙상 앞에서 바른 자세를 갖추고 밤이나 낮이나 궁술에 정진했지요. 소위 자기 주도 학습이었지요. 에클라비야의 활쏘기 능력은 몇 년이 지나자 달인의 경지에 올랐습니다.

그런 그가 운명적으로 왕자와 숲으로 사냥을 나온 스승 드로나를 만나게 되지요. 드로나와 그가 가장 총애하는 왕자 아르주나는 숲에서 사납게 짖으며 달려드는 들개를 보고 당황했습니다. 그때 어디선가 일곱 발의 화살이 날아와 들개의 주둥이에 차례로 꽂히며 개 짖는 소리가 멈추었는데요, 다가가 보니 화살은 정확히 들개의 주둥이 안에 박혔습니다. 들개에게 상처 하나 남기지 않은 경이로운 솜씨였지요.

곧 화살을 쏜 주인공이 모습을 드러냈습니다. 드로나는 수년 전에 아주 잠깐 만난 에클라비야를 기억하지 못하고 누구한테 활쏘기를 배웠냐고 묻지요. 소년은 자신의 스승이 드로나라고 답합니다. 그러고 나서는 자신이 진흙으로 만든 드로나의 형상을 보여주지요.

소년이 스승이라며 자기 이름을 대자 드로나는 무척 놀랐습니다. 들개에게 날아온 화살을 보건대 그는 왕국에서 제일가는 궁사가 분명해 보였지요. 스승 옆에 서 있는 아르주나 왕자도 불안한 눈빛이었습니다. 왜냐고요? 드로나 스승은 다섯 명의 왕자 중에서 가장 성실하고 가장 뛰어난 능력을 지닌 아르주나에게 이 세상 최고의 궁사로 키워준다고 약속했거든요. 그런데 에클라비야의 궁술은 아르주나 왕자를 능가하는 듯 보였습니다.

재빨리 머리를 굴린 드로나는 정색하면서 에클라비야에게 "내가 네 스승이라면 이제라도 수업료를 내야 하지 않느냐"라고 묻습니다. 제자가 스승에게 수업료를 내는 것이 오랜 전통인 걸 잘 아는 소년은 스승님이 원하는 건 무엇이든 드리겠다고 답하는데요, 놀랍게도 스승 드로나가 수업료로 요구한 건 소년의 오른손 엄지였습니다. 순수한 시골 소년 에클라비야는 망설이지 않고 오른손 엄지를 칼로 잘라 드로나에게 내주었습니다. 드로나도 아르주나 왕자도 깜짝 놀랍니다. 오른손 엄지가 없으면 활을 빨리 쏠 수 없으니까요.

그렇게 하여 에클라비야는 바라던 대로 위대한 스승 드로나의 제자가 되었으나 왼손으로 활을 쏘는 평범한 궁사가 되고 맙니다. 대서사시의 주인공 아르주나 왕자는 스승의 약속대로 나라 안 최고의 궁사가 되어 곧이어 벌어진 사촌 형제와의 영토 전쟁에서 승리하고요.

여러분은 이 이야기를 들으면 어떤 생각이 드시나요? 자기가 한 약속을 지키려고 아르주나 왕자의 경쟁자를 미리 제거한 드로나는 좋은 스승일까요? 아니면 꿈을 키우며 노력하는 이른바 사회의 소외 계층을 박대한 나쁜 어른일까요?

드로나는 대서사시가 전해지는 2,500년 동안 위대한 스승으로 여겨졌습니다. 일각에서는 지금도 그렇고요. 하지만 공정과 정의를 말하는 오늘날에는 좋은 교사가 아니라는 비판도 제기됩니다. 교사나 미래 세대의 스승인 어른들이 특권을 가진 '그들만의 리그'를 넘어 다양한 계층을 끌어안아야 한다고요. 성공을 꿈꾸며 노력하는 모든 젊은이에게 기회를 개방한 사회가 건강하니까요.

그렇다면 에클라비야에 대한 평가는 어떤가요? 카스트를 견지로 자기를 거부한 스승을 존경하며 스스로 공부한 성실한 학생이라는 평이 대체적인데요, 그처럼 우리나라의 변방에서 홀로 공부한 제 생각은 약간 다릅니다. 에클라비야가 오른손 엄지의 중요성, 즉 자기 정체성을 버린 가여운 인물로 여겨지거든요. 그의 선택이 어딘가에 소속되고 집단의 일원이 되기 위해서 어쩔 수 없는 선택이라고 하더라도요.

그런데 진짜 이야기의 끝은 그게 아닙니다. 대서사시에서 스승 드로나는 죽은 다음에 지옥으로 가지만 숲속의 소년 에클라비야는 신으로 환생하지요. 당장은 스승으로 성공했으나 끝내는 지옥에 머문 드로나와 그때는 최고 궁사로 실패했으나 결국 신이 된 제자의 이야기에 숨은 메시지는 분명합니다. 진정한 생의 승패는 마지막에 나는 거라고요. 인도식 사유법으로는 승패란 없거나 중요하지 않을지도 모르고요.

# 안전한 사회적 거리, 락시만 레카

2020년 3월 25일, 인도 정부는 코로나19의 감염이 전 세계에 확산하자 전국에 21일간의 셧다운을 선언했습니다. 인구가 많고 의료 시스템이 부족한 정부가 국민을 보호하기 위한 비상조치였지요. 전국적인 통행금지와 업무 정지는 역사상 처음이었습니다. 사실상 사회적 거리 두기를 강제한 건데요, 모디 총리는 셧다운을 시작하면서 국민에게 "각자의 집 문밖에 락시만 레카를 긋자!"라고 호소했습니다. 살아남아야 세상도 있는 거라고 덧붙이면서요.

그가 집 밖에 긋자고 한 락시만 레카는 무엇일까요? 락시만은 사람의 이름이고 레카는 산스크리트어로 선線, line, 금입니다. 락시만이 집 밖에 그은 안전한 금, 사회적 경계선을 뜻하지요.

락시만은 대서사시 〈라마야나〉의 주인공 라마의 동생인데요, 왕자의 몸이지만 모함을 받아 숲에서 귀양살이하는 형 라마를 수행하며 헌신하는 동생입니다. 그는 안락한 왕궁을 떠나서 거친 숲에서 남편과 함께 하는 라마의 아내, 즉 형수 시타에게도 최선으로 보필합니다. 숲은 왕궁이 있는 문명 세계와 달리 사람이 살기에 적합하지 않지만 세 사람은 서로 의지하며 귀양살이를 견디지요.

악의 화신으로 불리는 라바나가 아름다운 시타를 보고 첫눈에 반해 눈독을 들이면서 이야기가 전환됩니다. 라바나는 다른 악귀를 황금색 사슴으로 둔갑시켜 그들 앞으로 보내는데요, 라마는 황금빛 사슴에 반한 시타가 잡아달라고 부탁하자 사슴의 뒤를 쫓아갑니다. 남편이 한참 지나도 돌아오지 않자 시타는 시동생 락시만에게 형을 찾아보라고 촉구하지요. 락시만은 무언가 꺼림칙했으나 집을 나서기 전에 집 주위를 따라 둥글게 선을 긋습니다. 바로 락시만의 선, 레카지요.

그는 시타에게 자신이 형과 돌아올 때까지 그 금 밖으로 절대 나가지 말라고 신신당부합니다. 선 안에 있으면 안전하다고요. 말하자면, 락시만이 그은 금은 시타에게 안전선이었지요. 2,500년 전의 깊은 정글에 형수를 혼자 남겨두는 그로서는 필요한 조치였는데요, 특별한 능력을 지닌 락시만은 자신이 그은 선을 넘어 집으로 들어가는 외부인이 불에 타죽도록 주문을 걸어둡니다. 그러고는 형을 찾아 나섰지요.

그 틈을 노린 라바나가 탁발승으로 변장하고 시타에게 다가갑니다. 동냥을 달라고요. 착한 시타가 음식을 들고 선 안쪽에서 라바나에게 음식을 주자 라바나는 경계선을 두고 동냥을 받을 수 없다고 설득합니다. 열 개의 머리를 가진 출중한 능력자 라바나는 락시만이 그은 선을 넘으면 불에 타죽는다는 걸 알고 있거든요. 결국 라바나는 착한 시타가 동냥을 주려고 선 밖으로 나오자 즉시 납치하여 멀리 스리랑카로 데려갑니다. 그리하여 대서사시 〈라마야나〉는 라마와 락시만이 시타를 구하려고 온갖 고생을 치르는 과정으로 전개되지요.

이 이야기는 락시만이 그어놓은 안전한 선을 넘는 바람에 악의 화신에게 납치된 시타처럼 어떤 규칙이나 윤리적 행동 지침을 어겼을 때, 즉 '선을 넘을 때' 나쁜 결과가 일어날 수 있다는 걸 은유합니다. 그런 이유로 14억 명의 인구, 특히 바이러스와 위생에 무지하거나 둔감한 인구에게 사회적 거리 두기를 강제로 시행하는 총리가 누구나 아는 락시만 레카의 일화를 인용한 건데요, 문밖을 나가면 코로나19 바이러스라는 나쁜 결과를 얻을 수 있으니 사회적 거리를 유지하고 안전선 안, 집 안에 머무르라는 의미로요.

물론 넘지 말아야 할 선, 락시만 레카는 인도에만 있는 게 아니지요. 코로나19 바이러스가 은유하는 위험은 세상 곳곳에 있습니다. 우리는 '선을 넘지 말라' '넘어선 안 될 선을 넘었다'는 말을 흔히 쓰는데요, 그건 법이 정한 선이나 사회 규율일 수도 있고 양심과 도덕이 정한 선일 수도 있습니다. 그 선을 넘을 때 문제가 생기고 때로 범죄가 되지요.

그런데도 세상은 늘 선을 넘는 사람이 잘사는 것처럼 보입니다. 선을 넘는 걸 능력이라고 여기면서요. 이런 세상에서는 더욱 락시만 레카, 안전선이 필요합니다. 선을 긋는다는 건 내가 선을 넘지 않는다는 뜻이지만 남이 내 선 안으로 들어오지 못한다는 의미도 포함되지요. 물리적 거리 두기뿐만 아니라 남이 침투하지 못하는 나만의 심리적 안전지대를 만드는 선이 필요합니다. 락시만이 시타를 위해 그어준 경계선이 아닌, 내가 그은 안전한 마음의 영역이요. 어찌 되었든 내가 이 땅에 살아남아야 아름다운 세상도 있는 것이지요.

그런데 납치된 시타는 어떻게 되었을까요? 결국 라마와 락시만은 라바나를 무력으로 무찌르고 시타를 스리랑카에서 구출합니다. 시타는 귀양을 마치고 왕국으로 귀환하여 왕이 된 라마와 행복하게 살지만 결국 숲으로 돌아가 홀로 아들을 키우는 걸로 이야기가 끝나는데요, 라바나에게 납치되었을 때 정절을 지켰느냐로 의심과 논란이 지속되자 왕궁을 떠나 새 삶을 시작한 겁니다. 시동생 락시만이 그은 레카가 아니라 시타 스스로 그린 자기 삶의 레카 안에서요. 일부에서는 이를 가부장제를 넘어선 시타의 독립, 여성의 자립으로 해석하기도 합니다.

# 어머니는 강하다, 샤쿤탈라

인도는 지리적으로 우리나라처럼 아시아에 속합니다. 하지만 우리에게는 인도가 심리적으로, 문화적으로 유럽보다 멀어 보이는데요, 그래서일까요? 그리스의 호메로스와 그가 남긴 〈일리아드〉와 〈오디세이〉는 알아도 인도의 대서사시 〈마하바라타〉와 〈라마야나〉는 낯설어하는 이가 많습니다. 영국의 작가 셰익스피어의 희곡을 읽은 사람도 유럽인이 '인도의 셰익스피어'라고 극찬한 칼리다사의 작품은 낯설어하고요. 이번에는 인식의 지평을 넓혀 인도 최고의 작품으로 여겨지는 칼리다사의 희곡 〈샤쿤탈라〉를 소개합니다.

4~5세기에 굽타 왕조에서 활약한 칼리다사는 셰익스피어보다 약 1,000년 전에 살았습니다. 인도의 기준으로는 셰익스피어가 '영국의 칼리다사'인 셈이랄까요. 칼리다사는 산스크리트어로 시와 희곡을 써서 유명해졌습니다. 정확한 기록은 없으나 왕이 아끼던 '아홉 명의 보배' 중의 한 명으로 보이는데요, 아름다운 문체로 세 편의 희곡과 두 편의 긴 서사시를 남긴 그는 오늘날에도 인도가 배

출한 최고의 작가로 평가됩니다.

칼리다사의 대표작은 주인공의 이름인 〈샤쿤탈라〉라는 희곡이지요. 본래 제목은 〈샤쿤탈라의 증표〉였습니다. 그가 살던 시대에는 대서사시 〈마하바라타〉가 구전된 지 1,000년이 지났지요. 칼리다사는 그 내용 중 일부를 각색하여 〈샤쿤탈라〉를 썼는데요, 만났다가 헤어지고 다시 만나는 연인의 러브 스토리가 이야기의 줄거리입니다. 잠깐 내용을 따라가볼까요?

사냥하던 두샨타 왕이 숲에 사는 샤쿤탈라를 만나 사랑에 빠집니다. 결혼하고 얼마간 함께 지낸 왕은 샤쿤탈라의 손가락에 반지를 끼운 뒤에 궁으로 돌아가지요. 곧 데려가겠다면서요. 하지만 얼마 뒤에 샤쿤탈라를 오해한 숲의 성자가 왕이 그녀를 잊고 사랑의 증표를 보아야만 알아보게 될 거라고 저주를 내립니다. 얼마 뒤에 아이를 낳은 샤쿤탈라는 왕이 데려가기를 기다리며 홀로 아들을 키우는데요, 6년이 지나자 기다림에 지쳐 직접 왕을 찾아가던 샤쿤탈라는 그만 실수로 반지를 강물에 빠트립니다. 왕은 사랑의 증표, 반지가 없는 그녀를 보고도 알아보지 못하고요. 숲으로 돌아간 샤쿤탈라는 씩씩하게 아들을 키웁니다. 몇 년 뒤에 물고기 배 속에서 반지를 발견한 어부가 왕에게 반지를 바쳤고, 그제야 과거를 떠올린 왕은 샤쿤탈라와 아들을 만나며 해피엔딩을 맞습니다.

어디선가 들어본 이야기라고요? 특히 반지 이야기가 그럴 겁

인도 최고의 작가로 평가받는 칼리다사

니다. 〈샤쿤탈라〉는 인도에서 근무한 영국인 법관 윌리엄 존스가 1789년 영어로 번역하여 유럽에 알려졌으니까요. 유럽의 언어로 번역된 첫 번째 산스크리트 문학이 〈샤쿤탈라〉인데요, 1800년대에 이미 12개의 언어로 번역된 〈샤쿤탈라〉의 외국어 번역본은 나중에 46개에 달했습니다.

〈샤쿤탈라〉를 읽은 유럽 지식인들은 깜짝 놀랐지요. 2,000년 만에 나오는 걸작이라고 칭송이 자자했습니다. 독일의 헤르더와 괴테도 큰 감명을 받았고요. 특히 "여기에는 하늘과 땅에 있는 것이 모두 들어 있다"라고 말한 괴테는 샤쿤탈라를 참고하여 명작《파우스트》를 구성했다고 인정했지요.

샤쿤탈라가 유럽에 준 영향은 다방면이었지요. 음악가 슈베르트는 〈샤쿤탈라〉라는 3막의 미완성 오페라를 작곡했고, 조각가 로댕의 연인으로 알려진 프랑스의 조각가 카미유 클로델도 샤쿤탈라에서 영감을 받은 조각상을 남겼습니다. 러시아, 노르웨이에서 프랑스와 이탈리아에 이르는 유럽 여러 나라에서도 샤쿤탈라의 이야기를 담은 무용극, 연극, 오페라가 공연되었고요.

수많은 버전이 남아 있는 이야기의 원산지에서도 〈샤쿤탈라〉는 자주 무대에 올려지고 영화로 만들어졌는데요, 아름다운 사랑, 반드시 승리하는 진실, 참고 견디는 강한 어머니의 이야기가 많은 이에게 공감을 주기 때문입니다. 인도를 공부하는 저는 샤쿤탈라가 왕에게 무시당하고 숲으로 돌아가기 전에 남긴 말이 인상 깊습니다. "현명한 자와 어리석은 자의 차이는 전자가 선을 선택하는 반면에 후자는 악을 선택한다"라는 말이요.

지금도 인도인은 국명을 '바라트'라고 부르기를 좋아합니다. 희곡 〈샤쿤탈라〉에는 기억을 되찾고 숲으로 찾아간 왕이 아들을 만나서 이름이 무엇이냐고 묻는 대목이 나오는데요, 동물의 왕인 사자를 맨손으로 때려잡은 소년은 "바라트입니다"라고 대답하지요. 그렇게 마하바라타, '위대한 인도'의 역사가 열렸습니다. 작가가 시대를 앞서서 여성을 주인공으로 삼은 이유가 거기에 있었지요. 우리 모두 어머니에게서 이번 생이 시작되었으니까요.

# 오이디푸스 콤플렉스가
## 없어

지금도 인도에서는 고대적인 것과 초현대적인 것을 다 볼 수 있습니다. 첨단 산업에서 일하는 총명한 인재들만큼 허무맹랑한 미신을 추종하는 사람이 많지요. 고대 인더스 문명의 흔적, 수천 년 된 힌두교 경전 《베다》의 지침, 해묵은 카스트 제도도 살아 있습니다. 인도는 기존 질서에 대한 반란과 혁명적 도전이 많지 않은 역사, 옛것을 버리고 새것을 받아들이는데 덜 친숙한 문화를 이어왔는데요, 왜일까요? 신화를 통해 그 답을 통찰해보겠습니다.

먼저 대서사시 〈마하바라타〉에도 나오는 힌두 신화를 소개하지요. 어느 날 세상을 정복한 야야티 왕이 힌두 성자인 장인의 저주를 받습니다. 자신의 딸을 속이고 다른 여자와 바람이 난 사위에게 화가 난 장인은 한창나이의 야야티에게 성적으로 무능한 늙은이가 되라고 저주하지요. 노인으로 살기 싫은 야야티는 큰아들 야두에게 그 저주를 대신 받고 젊은 몸을 자기에게 빌려달라고 말합니다. 야두는 아버지의 제안을 거절하지만 막내아들 푸루는 늙어버린 아버지의 몸을 받아들였습니다. 그 대가로 그가 얻은 건 왕위 계승권이었지요.

그렇게 100년이 지났는데요, 야야티는 그동안 막내아들의 젊은 몸을 가지고 온갖 쾌락을 누리고 탐닉했습니다. 하지만 조금도 즐겁지 않았지요. 그제야 그는 욕망이 불에 기름을 붓는 것처럼 점점 커질 뿐 만족이 없다는 걸 깨달았습니다. 자신이 욕망을 즐긴 게 아니라 욕망에 끌려다녔다는 사실도요. 뒤늦게 정신이든 그는 막내아들 푸루에게 젊은 몸과 왕위를 넘겨주고 출가하여 해탈의 경지에 이릅니다. 막내아들은 100년을 노인의 몸으로 지낸 보상으로 아버지의 왕위를 계승하고요.

성적 욕망과 그것을 자제하는 노력에 관한 교훈을 일러주는 이 신화에서 막내아들은 아버지를 위해 자신의 젊음과 꿈을 희생합니다. 푸루는 세상의 아버지들이 바라는 순종적이고 말 잘 듣는 아들의 전형인데요, 왕이 되려고 아버지를 죽이는 그리스 비극의 주인공과 대비됩니다. 잘 아는 바와 같이, 그리스 신화에는 왕좌를 차지하려고 아버지를 죽이는 아들이 많이 나오지요. 우라노스는 아들 크로노스에게, 크로노스는 아들 제우스에게 죽임을 당합니다. 그리스 신화의 아들에게 아버지는 경쟁자니까요.

하지만 인도 신화에는 그리스 신화와 달리 아버지에게 도전하는 아들의 이야기가 거의 없습니다. 부자 관계, 세대 간의 갈등에서 승자는 아들이 아니라 늘 아버지이고요. 대서사시 〈라마야나〉의 주인공인 라마 왕자도 아버지의 부당한 뜻을 따라 정글에서 귀양을 삽니다. 자기가 낳은 아들을 왕좌에 올리려는 아버지의 후궁, 즉 계모의 음모인 걸 알면서도 라마는 안락한 왕궁을 떠나 아내 시타와 거친 숲에서 힘든 귀양살이를 견디지요. 무려 14년이나요.

이처럼 아버지를 위해 자신의 꿈을 포기하고 희생하는 아들의 행동을 인도 심리학자들은 야야티 콤플렉스라고 부르는데요, 이는 여러분이 잘 아는 정신분석학자 지그문트 프로이트가 말한 오이디푸스 콤플렉스의 반대입니다. 아버지를 경쟁 상대로 여기는 오이디푸스와 달리 아버지의 뜻을 따르고 순종하는 아들의 행동을 지칭하지요. 이런 순종적 행동은 전통과 문화에 깊이 뿌리를 두고 있습니다.

지금도 대다수 아들들은 자기 뜻보다 아버지가 바라는 대로 공부하고 직업을 택합니다. 의학을 공부하고 행정 고시를 준비하여 최고의 신랑감인 고급 공무원과 의사가 되지요. 당연히 중매 결혼이 압도적인데요, 아직도 80퍼센트가 넘습니다. 이건 신화가 아닌 실화입니다. 여전히 부모가 자식을 대신하여 큐피드의 화살을 쏴주지요. 그래서 주요 일간지, 특히 주말판에는 구혼 광고가 넘쳐납니다. 자식들은 부모를 위한 순종과 희생이 결국은 만족감과 상응하는 대가를 준다고 믿고 따르지요.

또 한 가지, 인도 신화에는 그리스 신화에 등장하는 도전적인 인물이 많지 않습니다. 제우스에게 반대하는 프로메테우스나 포세이돈에게 대드는 율리시스가 드물고요. 이처럼 아버지에게 순종적인 아들과 강물을 거슬러 오르는 도전적인 인물이 많지 않은 신화가 혹시 반란이나 혁명이 적었던 인도 역사를 이해하는 하나의 단서가 될까요? 신화로 보는 인도 사회에서는 변하지 않으면 낙오된다는 압박이 적은 건 분명합니다.

학자에 따라 정의가 다르지만 신화는 문화적 현상이자 한 집단의 억압된 꿈의 무의식적 표현인데요, 21세기 세계의 주역을 꿈꾸는 인도에는 이제 꿈꾸고 새로운 것에 도전하는 후손이 더 필요할 때입니다. 큰 틀에서 말이지요. 인구의 절반이 25세 이하인 창창한 젊은이들이 안주하지 않는다면 놀라운 변화와 결과가 창출될 텐데요, 이미 급변 중인 인도의 미래에는 어떤 신화적 아들이 등장할지 궁금해집니다.

# 염라대왕을 이겨라

우리나라는 근대 이전까지 인도와 직접적인 교류가 없었습니다. 하지만 문화적으로는 가까웠지요. 불교와 불교문화를 통해서였는데요, 그래서 우리가 지금도 일상에서 흔히 쓰는 많은 용어가 불교에서 나왔습니다. 몇 개만 들어볼까요? '주인공' '대중' '강당' '다반사' '아수라장' '야단법석' '건달' 등 아주 많습니다. '면목 없다' '기특하다' '묵인'도 있고요. 잘 아시는 대로, 그 누구도 만나고 싶어 하지 않는 '염라대왕'도 인도 문화권의 산물이자 선물이지요.

인도에서는 죽음의 왕을 '야마'라고 하는데요, 우리가 말하는 염라는 그 음역입니다. 인도에서도 야마는 야마라지—야마(염라)+라지(대왕), 즉 '대왕'이라는 존칭으로 불리지요. 불교의 영향을 받아서 무서운 형상인 우리 문화의 염라대왕과 달리 힌두 문화권의 염라대왕은 약간 유연합니다. 대개 웃는 얼굴에 자비롭고 감정적이고 인간적인 신으로 그려지지요. 물론 그건 선한 사람을 대할 때의 모습이고요, 사악한 사람에게는 팔다리에 큰 갈대 같은 긴 털이 수북하게 난 무서운 모습으로 바뀝니다.

윤회 사상이 나오기 2,000년 전인 약 3,500년 전에 구성된 《리그베다》에는 야마가 최초의 인간으로 죽음을 경험하고 저승의 신이 됩니다. 당시 저승은 천국과 비슷했지요. 그런 야마가 불교에 받아들여져 지옥의 왕이 되었는데요, 불교와 비슷한 시기에 등장한 대서사시 〈마하바라타〉에 따르면 야마는 초록색의 피부에 붉은 옷을 입고 머리에는 관을 쓰고 꽃을 단 모습입니다. 한 손에는 곤봉을 들고 다른 손에는 영혼을 잡아갈 올가미를 들었고요. 올가미는 죽은 자의 영혼을 묶는 포승줄이고 곤봉은 정의로운 판정과 악을 섬멸하는 무기였지요.

하지만 모든 인간은 죽는다는 사실과 죽음을 데리고 찾아오는 염라대왕이 두려울 수밖에 없습니다. 그래서 인도인은 "개똥으로 굴러도 이승이 좋다"라는 우리 속담처럼 점차 저승을 어둡고 우울한 곳으로, 이승을 환하고 밝은 세상으로 여겼지요. 밝은 이승에서 조금이라도 더 살기 위해서는 저승에서 찾아오는 염라대왕을 피해야 한다고 생각했고요. 고상한 철학과 달리 보통 사람들의 희망과 절망이 담긴 민간 설화에 염라를 속이거나 봐달라고 읍소하는 내용이 많은 건 그래서인데요, 그것이 민초들의 생존 본능이었지요.

특히 인도에는 염라의 인간적 측면을 부각하는 옛날이야기가 많습니다. 무서운 죽음의 신을 친근하게 인식하며 죽음에 대한 심리적 공포를 줄이는 겁니다. 그런 이야기에 나오는 사람들은 염라대왕이 감정적이고 특히 감동적인 점을 이용하지요. 인문학적 감수성을 가진 염라대왕의 모습을 잘 보여주는 유명한 이야기는 사비트리 공주의 일화인데요, 줄거리를 간단히 소개하면 이렇습니다.

어여쁜 사비트리 공주는 좋은 조건과 능력을 갖춘 남자들의 청혼을 한 몸에 받고 있었습니다. 그러던 어느 날 공주는 숲에서 부모를 모시고 살아가는 귀양 온 왕자를 보고 첫눈에 반해 주위의 반대를 무릅쓰고 결혼합니다. 아쉽게도 왕자는 1년 만에 죽을 운명이었지요. 그걸 알고도 결혼을 감행한 사비트리는 눈먼 시아버지를 봉양하고 허드렛일을 해내며 이상적인 며느리와 좋은 아내가 무엇인지를 세상에 보여줍니다.

곧 1년이 가고 남편이 죽을 날이 다가왔습니다. 붉은 옷을 입은 염라대왕이 올가미를 들고 나타나자 사비트리는 남편을 데려가지 말라고 애원하지요. 염라대왕은 사비트리의 간곡한 청을 무시하고 남편의 영혼을 잡아서 저승으로 데려갑니다. 그러자 공주는 남편을 따라 죽기를 결심하지요. 염라대왕은 남편을 잘 받들었으니 이승에서 더 살고 오라고 타이르지만 사비트리는 남편 없는 자신은 죽은 목숨이라고 저승까지 따라가며 염라대왕을 설득합니다. 공주의 헌신, 지혜로움, 아름다운 말씨에 감동한 염라는 결국 사비트리의 남편을 살려주고 아이까지 점지해주며 해피엔딩을 만들지요.

저승의 신이자 지옥의 왕 야마(염라대왕)

사랑이 운명의 힘을 이긴 셈입니다.

사실 정도의 차이는 있지만 사람들은 거의 다 얼마나 고결하게 사느냐보다 얼마나 오래 사느냐에 관심을 둡니다. 힌두 문화권도 예외는 아닌데요, 그래서 이론적으로는 환생을 믿어도 다음 생을 위해 이번 생을 체념하거나 빨리 죽으려고 애쓰는 사람은 없습니다. 이승도 살 만한 가치가 있기 때문이지요. 죽음을 의연히 받아들이기보다 죽음을 피하려고 온갖 지혜를 짜내는 사람들이 민간 설화에 많은 이유가 그래서입니다. 설화 속 주인공들은 감정적인 염라대왕에게 무한 감동을 주거나 잔꾀로 속여 넘겨 죽음을 뒤로 미룰 수 있을 만큼 미루려 하는데요, 인도인의 질긴 생존의 기술은 여기서도 드러납니다.

마지막으로, 인도의 설화를 분석하여 알아낸 '빨리 죽는 법' 두 가지를 소개하겠습니다. 첫째는 어리석음이고 둘째는 만용인데요, 사람들은 대개 이 두 가지로 삶을 망치고 죽음을 서둘러 맞습니다. 당연히 천명을 다하며 오래오래 살려면 이 두 가지를 조심해야겠지요? 한 가지 더, 인도인은 앞의 사비트리 공주의 이야기처럼 사랑을 크게 베푸는 것도 운명을 바꿀 수 있다고 믿습니다. 잘살아야 잘 죽을 수 있다고요.

# 코브라
## 효과

재미있는 이야기를 들려드릴게요. 영국이 인도를 지배할 때 델리에서 일어난 일입니다. 열대의 인도에는 치명적인 독을 가진 코브라가 많은데요, 도시화가 덜 된 옛날에는 더 그랬지요. 자연히 코브라에 물려서 사망하는 주민이 꽤 많았습니다. 희생자가 자꾸 늘자 민심에 신경 써야 하는 먼 나라 출신 영국인 관리는 비상한 정책을 생각해서 발표했지요. 코브라를 죽여서 그 가죽을 벗겨오면 포상하겠다고요. 주민들은 하나둘씩 코브라의 가죽을 벗겨와 돈을 받고 돌아갔습니다.

당국자는 곧 코브라가 크게 줄어들 거라고 기대했지요. 하지만 시간이 가도 코브라 가죽을 가져오는 주민의 숫자는 줄지 않았습니다. 당황하여 진상을 조사한 영국인 관리는 경악을 금치 못했습니다. 주민들이 돈을 받으려고 집에서 몰래 코브라를 키우고 있었거든요. 학자들은 이처럼 좋은 의도에서 만든 정책이 나쁜 결과를 가져오는 경우를 '코브라 효과'라고 지칭합니다. 인도를 공부하는 저에게는 풀뿌리 인도인의 질긴 생존력을 확인해주는 이야기지만요. 이런 정책이 나올 정도로 인도에는 코브라가 매우 많습니다. 치명적인 독을 가진 뱀도 허다하고요. 21세기 들어서 지난 20년간에도 약 13만 명이 각종 뱀에 물려서 목숨을 잃었습니다. 공식적 통계로만요.

그렇다면 이렇게 무서운 존재를 어떻게 다룰까요? 옛날부터 인도인은 이 문제를 놓고 고민했습니다. 그렇게 얻어낸 결론을 요즘 시대의 언어로 표현한다면, 자연에 그냥 맞서기보다 인간과 자연이 조화롭게 사는 법과 모든 생물이 지구상에서 살 권리를 인정하는 길이었지요. 즉 코브라의 무서운 능력을 경외하면서 그들을 살살 달래고 받드는 문화가 자리를 잡았습니다.

잘 아시다시피 기독교 문명은 뱀을 에덴동산에서 이브를 유혹한 사탄으로 여기는데요, 인도 문명에서는 뱀을 암소 다음으로 신성한 동물로 간주합니다. 지금도 남부 지방의 거의 모든 마을에서는 코브라의 숭배 장소를 볼 수 있습니다. 설탕과 강황을 섞은 밀가루나 우유를 주며 코브라를 달래는 축제, 나가 판차미도 몬순 기에 여러 지방에서 성대히 열리고요. 물론 다른 문명권에서는 이런 인도인의 믿음과 실천을 미신으로 여깁니다만 문화 속에 뿌리를 깊숙이 내린 터라 인도에는 뱀이 주인공으로 나오는 신화와 전설, 철학적 메시지가 아주 많습니다. 신화에서는 뱀이 지식과 힘을 상징하는데요, 몸을 땅에 밀착하고 사는 뱀이 민감하게 상황을 파악하는 능력이 있어서지요. 인도양을 마주한 남단에서 발생할 쓰나미를 저 멀리 떨어진 북부 지방 히말라야의 뱀이 한 달 전에 알아챌 정도랍니다. 이 풍진 세상에서 그런 지식과 지혜를 얻고 싶은 인간의 소망도 뱀과 무서운 코브라를 숭배하도록 이끌었습니다.

철학적으로는 코브라의 독이 욕망을 은유합니다. 뱀독을 목으로 넘기면 목숨을 잃듯 욕망에 넘어가면 패가망신한다고요. 코브라처럼 위험한 욕망을 경계하고 다스리라는 가르침이지요. 많은 분이 아시는 뱀과 동아줄 이야기도 인도에서 나왔습니다. 어떤 남자가 어두운 밤에 집에 돌아와 방바닥에 있는 큰 뱀을 보고 기겁하는데요, 다음 날 아침에 다시 보니 그건 뱀이 아니라 동아줄이었습니다. 자기 안의 두려움이, 진리에 대한 무지가 마음에 악마를 만든다는 의미입니다. 뱀이 허물을 벗듯 무지와 환영을 벗고 진리를 깨친 사람은 영생할 수 있다고 가르치지요.

하지만 이런 고상한 이야기보다 외국에 많이 알려진 코브라는 피리 소리에 맞추어 이리저리 춤추는 노리개의 모습이었습니다. 그 시각 효과로 19세기 이후 서양에서 인도는 한동안 춤추는 코브라와 동일시되었고요. 은연중에 진기한 나라, 미개한 나라의 이미지를 풍기면서요. 맹독이 제거된 코브라가 피리 소리를 들을 수 없다거나 곡조를 기억할 능력이 없다는 사실은 알려지지도, 중요하게 여겨지지도 않았습니다. 얼마나 많은 인도의 지식인이 국가 이미지가 된 춤추는 코브라를 잊고 싶어 했는지도요.

힌두교의 창조신 비슈누는 일곱 개의 머리를 가진 코브라 위에 비스듬히 누운 모습과 자가용 독수리를 타고 하늘을 나는 모습으로 등장합니다. 코브라 위에서 쉴 때의 비슈누는 가늘고 길게 실눈을 뜨는데요, 세상을 근시안적으로 세세히 본다는 의미로요. 반면에 독수리를 타고 높이 나는 비슈누는 온 세상을 한눈에 내려다봅니다. 새의 눈, 곧 조망인데요, 그 두 모습은 세상사 모든 걸 좁게도 보고 넓게도 보아야 한다는 뜻입니다.

앞에 말한 영국인 관리가 코브라 가죽을 벗겨오는 주민에게 내건 포상책은 멀리 내다보는 조망, 즉 인간 심리에 대한 통찰이 부족했습니다. 그래서 실패했지요. 21세기에 인도를 보는 우리의 관점도 조망과 디테일의 균형 감각이 필요합니다.

# 최초의 인간과
# 물고기의 법칙

힌두교에서 말하는 이 세상 최초의 인간은 마누입니다. 역사책에 나오는 《마누 법전》의 저자이지요. 산스크리트어로 인간은 '마나바Manava'라고 하는데요, '마누의 자식'이라는 뜻입니다. 인간이라는 영어 단어 Man이 바로 이 마나바에서 진화했습니다. 산스크리트어와 영어의 조상인 라틴어가 인도유럽어족이니 인간은 마누의 후손이라는 것이 인도인의 아전인수격 생각이지요.

어느 날 마누가 갠지스강 주변에서 명상할 때였습니다. 송사리 같은 작은 물고기가 그에게 다급하게 외쳤지요. 큰 물고기가 자기를 잡아먹으려고 하니 구해달라고요. 마누는 가여운 물고기를 집에 데려와 작은 항아리에 담았습니다. 물고기는 고맙다면서 그 안에서 유유히 헤엄을 쳤지요. 그런데 다음 날 일어난 마누는 깜짝 놀랐습니다. 물고기가 크게 자라서 작은 항아리에 둘 수 없었거든요. 그는 물고기를 큰 항아리에 옮겼습니다.

다음 날 마누는 더욱 커진 물고기를 더 큰 항아리에 옮겨 넣어야 했습니다. 그다음 날에는 물고기가 집 앞 작은 연못으로 옮길 정도로 커졌고요. 물고기는 다음 날에도, 또 그다음 날에도 계속 몸이 불어났습니다. 물고기는 연못에서 큰 호수로, 다시 호수에서 강물로 옮겨졌는데요, 얼마 지나지 않아 강물에서 너른 바다로 이동할 정도로 성장했습니다. 곧 바다도 날마다 몸이 커지는 물고기를 감당하기 어렵게 되었지요. 그러자 비가 내리고 바닷물이 불어나기 시작했습니다. 대홍수가 난 겁니다. 온 세상이 물에 잠길 지경이었는데요, 걱정하는 마누에게 큰 몸집으로 불어난 물고기가 다가왔지요. 머리에 큰 뿔이 난 물고기는 마누에게 작은 배를 만들어 그 뿔에 배의 밧줄을 연결하라고 말했습니다. 경전《베다》, 마누의 가족, 일곱 명의 현자, 그리고 곡식을 배에 실으라고도 일렀고요. 마누는 은혜를 갚는 물고기의 조언을 잘 따랐습니다. 거대한 물고기는 마누가 탄 배를 뿔로 끌어서 메루산, 즉 히말라야 꼭대기로 밀어 올렸지요. 마누는 거기서 물이 빠지기를 기다렸다가 귀가했습니다.

마누는 그렇게 대홍수에서 살아남았지요. 무언가 친숙한 이야기라고요? 아마도 기독교의《창세기》에 나오는 노아의 방주가 떠오를 겁니다. 신의 계시로 배를 만들어 대홍수에서 살아남은 노아의 이야기요. 이런 대홍수 이야기는《구약 성경》뿐만 아니라 고대 문명이 일어난 수메르의 〈길가메시〉에도 보이고 중국에도 있습니다만 인도 버전의 대홍수, 마누의 이야기는 수천 년간 구전된 《베다》와 그 내용을 풀어쓴 대서사시 〈마하바라타〉, 그보다 뒤에 나온 힌두 신화에 등장합니다.

신화에서 물고기는 비슈누 신의 열 번째 화신인데요, 마누를 대홍수에서 구하려고 나타납니다. 그를 구하는 이유는 먹고 먹히는 정글의 세상에서 약자를 보호할 인간이 필요해서지요. 학자들은 마누가 큰 물고기에게 잡아먹히는 작은 물고기를 구해준 그 순간에 문명이 탄생했다고 해석합니다. 큰 물고기가 작은 물고기를 잡아먹는 정글의 법칙, 즉 물고기의 법칙을 인간인 마누가 넘어섰으니까요.

동물과는 달리 연민을 가진 최초의 인간 마누는 태초의 정글에서 작고 약한 존재도 살아갈 수 있다는 희망을 주었는데요, 마누의 이야기는 약자가 때로는 유용한 존재로 성장할 수 있다는 메시지도 던집니다. 오늘의 약자가 영원히 약자로 남는 건 아니라고요. 갠지스강에서 마누가 맨손으로 건져 올린 피라미 같은 아주 작은 물고기는 점점 자라서 강이나 바다가 품을 수 없는 거대한 물고기로 성장했습니다. 그 물고기가 바로 마누와 이 세상을 홍수에서 구해내고요.

그래서 마누의 이야기는 교육적으로 큰 시사점을 줍니다. 마누는 계속 자라나는 물고기를 지원하면서 그 크기에 맞게 매번 공간을 다시 만들어주는데요, 그렇게 하여 작은 물고기가 성장할 수 있도록 운명을 좋은 쪽으로 바꾸어줍니다. 물고기의 능력에 맞게 항상 후원하는 점에서 마누는 좋은 부모와 교사, 훌륭한 리더의 모델로 볼 수 있지요.

하지만 버전이 많은 인도답게 이 이야기를 다르게 해석하는 사람도 있습니다. 계속 몸집이 커지는 물고기를 무조건 동정하고 돕는 것이 능사가 아니라고요. 멈추지 않고 크게 자라난 물고기가 홍수를 일으켜 온 세상을 파괴할 뻔했으니까요. 그래서 마누의 이야기는 부모나 리더의 자식과 아랫사람에 대한 지나친 연민과 감싸기가 때로는 나쁜 결과를 낳을 수 있다는 점도 일러줍니다. 윗사람 노릇은 정말 만만치 않은데요, 사실 큰 물고기도 잘 살고 작은 물고기도 잘 사는 세상은 어디에도 없습니다. 점점 나아지기는 해도 강자가 약자를 이기는 물고기 법칙, 정글의 법칙이 아직 대세이고요. 그래도, 작은 물고기가 큰 물고기를 이길 수는 없어도 약자와 소외된 이들에게 살 만한 가치와 희망을 주는 세상이 바람직한 건 부인할 수 없는데요, 21세기의 디지털 정글 속에 살아도 우리는 연민을 가진 인간human으로 휴머니즘을 발휘해야 합니다.

# 오직 진실만
# 승리한다

인도는 1947년에 독립했습니다. 외국 출신이 아닌 나라 안 출신의 지배자가 델리를 차지한 건 800년 만이었지요. 그때까지 인도는 이슬람 세력 지배 600여 년, 영국 지배 200여 년을 연이어 받았으니까요. 1950년 1월 26일 공화국을 선포한 새 정부는 사티아메바 자야테, 즉 '오직 진실만 승리한다'를 국시로 삼았습니다. 인도답지요? 국가 좌우명에 진실을 언급하는 나라가 인도 말고 또 있을까요? 이번에는 진실, 진리의 뜻을 가진 '사티아'의 이야기를 나누어 보겠습니다.

인도의 국장(엠블럼)에는 네 마리 사자상이 새겨져 있는데요, 사자상 아래에는 '사티아메바 자야테'라는 구절이 쓰여 있습니다. 고대 힌두교 경전에 나오는 '진실만 승리한다'라는 구절이지요. 사자상은 기원전 3세기경 마우리아의 아소카 황제가 부처님의 첫 설법 장소 녹야원(사르나트)에 세운 석주의 머리 장식인데요, 12세기에 이슬람 세력의 침입으로 폐허에 묻혔다가 1904년 무려 800년 만에 발굴되었습니다. 아마도 그날 많은 사람이 독립을 예감하지 않았을까요?

당시 아소카는 제국이 넓어져서 백성과 직접 소통할 수 없자 국가 정책을 새긴 석주를 여러 지방에 세웠습니다. 거기에는 친절 하고 진실한 사람이 되라는 황제의 부탁이 들어 있었지요. 부모에 게 순종하고 노예와 하인에게 자비를 베풀라는 당부도 있고요. 그 것이 진리였습니다. 종교 때문에 이슬람의 나라 파키스탄과 갈라 진 인도가 국장에 불교 유물인 사자상과 힌두 경전의 구절을 담은 것은 공존과 상생이 진리라는 것, 즉 특정 종교에 치우치지 않고 공 평무사하겠다는 의지의 표명이었지요.

이제 다른 방식으로 사티아의 전통에 관해 말씀드려보겠습니 다. 1세기경 한 젊은 왕이 있었습니다. 훌륭한 통치자로 만백성의 존경을 받았지요. 어느 날 한 성자가 찾아와서 왕에게 불로장생의 과일을 바쳤습니다. 백성들이 오랫동안 태평성대를 누리게 해달라 면서요. 그런데 왕은 그걸 즉시 총애하는 나이 어린 후궁에게 주었 습니다. 사랑의 증표로요.

3일 뒤에 승마를 끝낸 왕이 궁으로 돌아오다가 한 여인을 만났 습니다. 당대 최고의 무용수였는데요, 여인은 왕에게 불로장생의 과일을 바치면서 더 훌륭한 성군이 되어달라고 부탁했습니다. 여 인이 떠난 뒤 과일을 자세히 들여다본 왕은 그것이 성자가 자신에게 주었던 과일인 걸 알아보았지요. 왕은 은밀히 정보 책임자를 불러서 자초지종을 알아보라고 지시했습니다. 하루 만에 나온 보고서에는 이런 내용이 담겼습니다. 부하가 알아낸 진실이었지요.

왕이 총애하는 젊은 후궁은 어떤 귀족을 사랑했고, 왕이 준 신비한 과일을 곧바로 그에게 선물했다. 한데 그 귀족은 아름다운 무용수를 연모했고, 과일을 받자마자 그녀에게 선물로 보냈다. 과일을 받은 무용수는 자신보다는 훌륭한 왕이 그걸 먹어야 한다고 여기고 왕을 찾아와 바쳤다.

여러분이라면 이때 어떻게 하시겠어요? 사랑하는 여인의 배신을 알게 된 남자의 대표적 사례는 《아라비안나이트》에 나오는 왕인데요, 그는 정절을 지키지 않은 아내의 목을 치는 데 만족하지 못하고 매일 저녁에 한 처녀와 결혼하고는 다음 날 아침에 그녀를 죽이지요. 물론 현명한 여성이 1,000일 동안 이야기를 계속하면서 그 상황을 해피엔딩으로 만들지만요.

하지만 이 에피소드의 왕은 달랐습니다. 한 가지 생각에만 몰두했지요.

"만약 3년 전에 내가 죽었다면 그 후궁이 나를 사랑한다고 믿고 죽었을 것이다. 즉 진실을 알지 못하고 죽었을 것이다. 인간은 삶의 이면에 숨은 진실을 알 수 있을까? 머리가 좋고 예민하다고 모든 진실을 알 수 있을까? 우리가 이런 하찮은 진실도 알 수 없다면 궁극적인 진리를 어찌 알겠는가?"

이런 의문을 가진 왕은 왕위를 버리고 궁을 떠났습니다. 삶과 죽음의 수수께끼를 알기 위해 고행한 그는 12년간 토굴에서 요가와 명상도 실천했고요. 그렇다면 나중에 종파 지도자로 이름을 남긴 바르트리하리 왕은 궁극적인 진리를 깨달았을까요?

물론 진실이나 진리를 알았느냐가 중요한 건 아닐 겁니다. 거기에 이르는 과정이 중요하지요. 마하트마 간디가 그걸 보여주었는데요, '사티아'라는 말을 널리 알린 사람이 바로 간디였습니다. 어릴 때 사티아에 관한 연극을 보고 한평생 진리를 추구했지요. 자신이 주도한 비폭력 운동을 '사티아그라하', 즉 '진리를 향한 투쟁'으로 불렀습니다. 간디 자서전의 부제가 '진리에 관한 내 실험의 이야기'인 건 우연이 아니었지요.

인도 정부가 '진리만 승리한다'를 국시로 삼은 것도 우연이 아닙니다. 인도 문명은 왕위를 버린 앞의 왕처럼 사티아를 찾아 출가한 사람들을 장려했지요. 부자가 되거나 출세한 사람도 좋아했지만 '왜 사는지' 알고 싶어 하는 사람을 존중했습니다. 덕분에 인도는 고상한 철학과 여러 종교의 요람이었지요. 지금도 사두, 탁발승, 요가 수행자가 많은데요, 대략 500만 명으로 추산합니다. 돈이 최고가 된 요즘 세상에서 무소유의 그들이, 비생산적인 그들이 존중받으며 사는 곳이 인도가 아니면 어디일까요?

하지만 진리는 먼 곳에만 있지 않습니다. 삶이 우리를 속일지라도, 그래서 슬퍼하고 분노할지라도 최선을 다해 오늘을 살아내는 것, 그것이 가장 큰 진리니까요.

"진리만이 승리한다, 사티아메바 자야테!"

# 죽지 않는 〈라마야나〉

한때 우리나라에 그리스 로마 신화가 열풍을 일으킨 적이 있습니다. 그 열풍에 휩쓸리지 않은 사람도 제우스(유피테르), 에로스(큐피드), 아테나(미네르바)와 같은 고대 그리스 신의 이름을 잘 아는데요, 호메로스의 대서사시 〈일리아드〉나 〈오디세이〉도 어렵사리 기억하고요. 하지만 비슷한 시기에 구성된 인도의 대서사시 〈라마야나〉와 〈마하바라타〉는 잘 알지 못합니다. 그리스의 서사시와 달리 인도의 두 서사시는 지금도 생생하게 살아 있는데 말이지요. 그래서 이번에는 〈라마야나〉를 다른 각도로 소개해봅니다.

2만 4,000시구(4만 8,000줄), 일곱 권의 방대한 분량으로 〈일리아드〉의 세 배가량 되는 〈라마야나〉는 주인공 라마의 행적, 일대기라는 뜻으로 코살라 왕국의 왕자 라마가 시타를 아내로 맞은 뒤 자신의 소생을 왕으로 만들려는 계모의 음모로 숲으로 추방되며 겪는 일종의 모험담입니다. 선의 상징인 라마는 랑카의 왕 라바나에게 아내가 납치되는 슬픔을 당하고, 동생과 원숭이 군대와 악의 화

126

신 라바나를 죽이고 아내를 구한 뒤에 왕국에 귀환하는 줄거리를 가지고 있지요.

이전 시대부터 전해지던 《베다》의 가르침을 보통 사람이 이해할 수 있도록 쉽게 서사시로 구성한 것이 〈라마야나〉인데요, 연극이나 전문 이야기꾼의 노래와 이야기를 통해 대를 이어 전해지고 지방으로 퍼졌습니다. 여기에 서민의 삶과 새로운 이야기가 첨삭되어 다양한 버전으로 발전했지요. 읽기만 해도 지은 죄를 씻고 천국에 갈 수 있다고 믿는 사람이 생길 정도로요.

구전되는 이야기를 작가 발미키가 기원전 4~5세기경 집대성했으나 지방과 계층에 따라 버전이 많습니다. 지금까지 수많은 언어로 살아남아 서민의 종교처럼 기능하지요. 오랫동안 전해지면서 공식 교육이 부재한 보통 사람에게 전통적 가치와 문화를 가르쳤고요. 주인공 라마 왕은 일부일처제의 남편, 훌륭한 지도자, 정의로운 왕, 이상적인 통치자를 상징합니다. 그의 아내 시타는 정숙하고 순종적이며 희생적인 아내의 전형으로 여겨지고요. 라마를 따르며 시타를 찾아낸 원숭이 하누만은 그때나 지금이나 헌신과 봉사의 가치를 구현하는 존재로 인정받습니다.

〈라마야나〉는 수많은 언어와 종족, 수천의 카스트로 구성된 다원 사회에서 구성원의 집단의식과 공감대 형성에 공헌했습니다. 인도 문화를 풍성하게 만들었고요. 희곡과 시를 쓰는 작가에게 영감을 주어 많은 창작으로 이어졌고 그림과 조각, 무용과 영화 등 거의 모든 분야에 영향을 주었습니다.

1980년대 후반에 TV 시리즈로 만들어졌을 때에는 본방송을 사수한 사람이 1억 명을 넘길 정도로 인기였는데요, 누구나 아는 내용인데도 인구 여덟 명 중 한 명이 연속극을 볼 정도였습니다. 그때 인도에서 공부하던 저는 방영 시간에 거리가 한산해지는 걸 직접 목격했지요. 〈라마야나〉가 인기를 끄는 이유는 험한 세상의 다리를 건너는 사람에게 권선징악과 참고 견디면 승리한다는 메시지를 주기 때문이 아닐까요.

살아 있는 건 언젠가 다 사라진다, 곧 생자필멸生者必滅을 믿는 인도에서 〈라마야나〉가 시간을 초월하여 긴 생명력을 가지는 건 역설적입니다. "지구상에 산이 서 있고 강이 흐르는 한 라마의 이야기는 계속 입으로 전해질 것이다"라는 발미키의 전망이 현실이 된 건데요, 더욱이 시간을 넘어 생존한 〈라마야나〉가 공간을 넘어서도 질긴 생명력을 가지는 걸 보면 경이롭습니다. 수십 개 번역본과 영역본, 축약본이 있는 〈라마야나〉는 유럽과 동아시아의 설화에서 그 흔적을 드러내는데요, 저 멀리 피지와 서인도 제도 등 인도인이 가는 곳마다 새로운 버전이 생겨났습니다.

아무래도 동남아를 빼놓을 수는 없겠지요. 고대부터 인도 문화를 받아들여 독창성을 더하여 '자기화'한 곳이니까요. 동남아의 〈라마야나〉에는 그 나라와 그 안의 계층, 언어와 관습, 역사와 문화, 종교와 가치가 반영되어 인도 버전과는 다릅니다. 등장인물의 이름과 역할도 달라졌고요. 태국에서 라마끼엔으로 이름이 바뀐 라마는 라오스에서는 이상적인 불교 지도자로 다루어집니다. 동남아에 이슬람이 도래한 뒤에도 살아남은 〈라마야나〉는 지금도 '우리 문화'로 여겨지며 인기가 여전하지요. 관련 행사도 많고요.

　　동남아를 여행한 사람은 〈라마야나〉가 동남아의 미술과 조각, 무용과 사원 건축은 물론이고 문학과 연극의 기초인 걸 알게 됩니다. 라마의 이야기는 캄보디아의 장대한 앙코르와트, 태국의 에메랄드 불교 사원, 인도네시아의 프람바난 사원의 외벽 부조로 눈길을 끌지요. 각 나라의 전통이 더해져 연극적 요소가 강해진 태국의 가면극, 인도네시아와 말레이시아의 그림자극과 인형극, 발리의 무용극도 〈라마야나〉에 뿌리를 두었습니다.

　　이런 〈라마야나〉의 질긴 생명력은 전통과 문화의 생명력과 궤를 같이합니다. 인도는 2,000년 전 알렉산더가 동방 원정길에서 만난 요가 수행자를 지금도 전국에서 만날 수 있고, 고대와 중세에 받들던 신과 여신이 여전히 숭배되는 나라입니다. 그렇다고 인도가 과학 기술이 낙후한 것도 아니지요. 핵을 개발하고 화성 탐사선과 달 탐사선을 성공리에 보냈으니까요. 이래저래 인도는 자세히 보아야 합니다.

# 초능력 원숭이 신

인도에서는 지금도 마당이나 길거리에서 원숭이를 흔히 볼 수 있습니다. 수도 델리에서도 그렇고요. 델리에 산 저도 기숙사에 몰래 들어와 바나나를 훔쳐 가던 원숭이를 수없이 보았습니다. 도시화가 더딘 지방에는 원숭이들이 훨씬 더 많은데요, 그런데도 그들을 놀리거나 괴롭히는 사람은 보기 어렵습니다. 개구쟁이들도 그렇게 하지 않지요. 오히려 원숭이들에게 먹을 걸 던져주거나 경외의 눈길을 담아 바라봅니다.

짐작하시나요? 그렇습니다. 그 이유는 힌두교의 신 하누만이 바로 원숭이의 모습이기 때문인데요, 대중에게 아주 인기가 많은 신입니다. 타 문화권 사람들은 어떻게 동물을 신으로 여기나 하면서 고개를 갸웃하거나 미신이라고 하겠지만요. 글로벌 시대와 다문화를 말하는 사람들도 호랑이나 쥐를 신으로 모시는 힌두 문화를 이해하기는 어렵다고 말합니다. 하지만 본질을 들여다보면 사정이 달라지지요. 아는 만큼 보이니까요.

힌두들이 숭배하는 것은 눈앞에 보이는 호랑이나 원숭이가 아닙니다. 눈에 보이지 않는 것, 즉 그 동물의 상징성이 그들이 믿는 대상이지요. 이 글의 주인공 원숭이를 사례로 들어서 설명해볼까요? 힌두교에서 원숭이는 인간의 마음을 상징합니다. 몸이 잰 원숭이는 이 나무에서 저 나무로 끊임없이 옮겨 다니지요. 우리 인간의 마음도 원숭이처럼 잠시도 가만히 있지 않고 이 생각 저 생각으로 번뇌합니다. 희로애락과 욕망을 실은 온갖 잡념이 꼬리에 꼬리를 물고 이어지고요. 그래서 늘 머리가 복잡한데요, 마음이 평온해지는 길은 없을까요? 명상이나 기도를 통해 마음을 고요하게 만들 수도 있고, 일이나 어떤 대상에게 헌신하고 몰입하는 방법도 있을 겁니다. 하누만은 어려움에 빠진 친구를 위해 최선을 다하며 자신의 약점을 넘어서는데요, 그의 친구가 바로 대서사시 〈라마야나〉의 주인공 라마입니다. 라마 왕자는 귀양살이 중에 아내를 스리랑카의 악마에게 납치당하는 어려움에 직면하지요. 그를 만난 하누만은 라마의 아내를 구출하고 그를 왕위에 올리는 데 헌신합니다. 대가를 바라지 않은 점에서 그의 헌신과 봉사가 더욱 빛이 나지요.

여기서 흥미로운 건 인도인의 생각입니다. 곧 어떤 대상에게 헌신하고 몰입하는 과정에서 숨은 능력, 즉 잠재력이 발현된다고 믿습니다. 하누만은 스리랑카에 있는 라마의 아내를 구출하려고 있는 힘을 다해 인도와 스리랑카 사이의 해협을 뛰어넘지요. 간절히 바라면 이루어지는 걸까요? 그는 목표를 향해 몰입하는 순간에 자신의 잠재력을 깨닫습니다. 라마를 치료할 약초를 구하려고 히말라야까지 단숨에 날아가는 초능력도 보이지요. 하누만은 무언가에 헌신하고 거기에 몰입하면 성과가 좋아진다는 걸 일러줍니다.

물론 하늘을 날고 바다를 뛰어넘으며 각종 난관을 헤치는 하누만의 초능력을 현대 과학으로 설명하기는 어려운데요, 중요한 건 과학이 아니라 심리학이지요. 하누만처럼 어떤 일에 열정과 헌신을 다하면 불가능을 가능으로 바꿀 수 있다는 희망, 그것입니다. 험한 세상을 살아가는 대중에게는 그런 위안과 희망이 필요하지요. 재주가 많은 하누만이 자신을 지켜준다는 믿음도 중요하고요. 그래서 특히 난관에 빠진 사람들이 원숭이 신 하누만을 좋아합니다.

그런데 여러분, 하누만의 이야기가 익숙하지요? 아마 여의봉을 들고 자유자재로 날아다니는 손오공이 생각나실 겁니다. 붉은 원숭이의 모습을 한 손오공은 중국 명나라 시대에 나온 《서유기》에 등장합니다. 불법을 구하려는 삼장법사에게 헌신한 손오공의 캐릭터는 라마 왕자에게 충성을 다한 하누만과 흡사하지요. 수만 리를 날아가는 손오공의 초능력도 단번에 인도 대륙을 오가는 하누만을 닮았고요.

수천 년간 인도에서 구전된 하누만의 이야기는 불교처럼 중국에 전파되어 16세기 손오공의 탄생에 영향을 주었습니다. 하누만과 손오공은 인도 문화와 중국 문화가 나름의 뿌리를 내린 동남아에서도 큰 인기를 누리는데요, 보통 사람들이 겪는 절망과 그것을 극복하는 희망의 이야기가 호소력을 가집니다. 그래서 문학 작품의 주인공인 하누만과 손오공이 신의 경지에 오른 거고요.

왕궁에서 쫓겨난 라마를 돕고 헌신하면서 자신의 잠재력을 깨닫고 큰 성과를 낸 능력자 하누만은 이런 명대사를 남겼습니다. "능력을 지닌 사람은 그 능력을 써야 할 책임이 있다"라고요. 여러분의 능력은 무엇인가요? 그 능력을 한껏 펼치길 바랍니다!

# 《바가바드기타》와
# 오펜하이머

"나는 이제 죽음, 세상의 파괴자가 되었다." 2023년 여름에 언론을 많이 탄 대사인데요, 국내에 개봉한 할리우드 영화 〈오펜하이머〉에 나옵니다. 자신이 개발한 원자 폭탄이 수많은 사상자를 내리라는 걸 알면서도 인류의 평화라는 대의를 위해 핵 실험을 해야 하는 물리학자 오펜하이머의 고뇌에 찬 표현이지요.

이 말은 원래 힌두교 경전 《바가바드기타》에 나오는 유명한 구절입니다. 산스크리트어를 배우고 인도 철학을 공부한 오펜하이머가 거기에 나오는 가장 유명한 대목을 인용하며 핵폭탄 개발자로서의 윤리적 갈등을 토로한 거지요. 본래의 구절 "나는 시간, 세상의 파괴자. 모든 이를 파괴하러 여기에 왔다"를 기억나는 대로 적은 듯 보입니다.

핵폭탄을 개발할 것인가, 말 것인가로 고뇌하고 갈등한 오펜하이머처럼 《바가바드기타》에는 전쟁터에서 "싸울 것이냐, 말 것이냐"로 고민하는 주인공이 등장합니다. 주인공 아르주나가 갈등하는 이유는 싸워야 할 상대편에 사촌 형제들, 자신을 길러준 스승, 친구들이 있기 때문이지요. 그들과 싸우지 않는다면 왕국을 지키고 백성을 보호해야 하는 왕족의 의무를 저버리는 것이고, 싸운다면 일가붙이와 수많은 지인을 죽여야 하니까요.

이때 주인공이 탄 마차의 마부로 등장하는 크리슈나 신은 아르주나에게 옳은 일을 위해 싸우라고 설득합니다. 왕족으로서 의무와 책임을 다하라고요. 그러면서 사촌 형제들을 죽이는 걸 망설이는 주인공에게 죽음을 자연의 섭리로 받아들이라고 말합니다. "나는 시간, 세상의 파괴자. 모든 이를 파괴하러 여기에 왔다"라면서요. 시간은 죽음을 의미하고, 시간 속에 파괴되지 않는 건 없으니 결국은 사촌들도 다 죽게 된다고요.

크리슈나는 주인공에게 육신의 죽음은 피할 수 없고, 피할 수 없는 죽음을 슬퍼할 이유가 없다고 설명합니다. 그리고 낡은 옷을 벗고 새 옷을 갈아입는 것처럼 죽음은 인간의 영혼이 낡은 육신을 버리고 새로운 육신으로 들어가는 거라고요. 육신은 죽어도 영원한 자아, 즉 영혼은 불멸하니 죽음을 슬퍼할 이유가 없다고 말합니다. 죽음의 본질을 이해한 아르주나는 왕족의 의무와 본분을 다하려고 나아가 싸우지요.

이런 내용의 《바가바드기타》는 크리슈나 신과 아르주나와의 대화록인데요, '신의 노래' '신의 말씀'이라는 뜻입니다. 대서사시

〈마하바라타〉의 일부지요. 총 18장으로 구성된 〈마하바라타〉의 제 11장을 편집한 700개의 시구, 즉 1,400줄의 분량으로 따로 편집된 건 기원전 2세기경으로 추정됩니다. 2,000년이 넘었는데요, 영어로 번역되어 서구권에 알려진 첫 번째 산스크리트어 경전입니다. 일찍이 1785년에요.

인도에서 《바가바드기타》는 기독교의 《성경》과 비슷한 위상입니다. 내용은 종교적이기보다 윤리적·철학적이지만요. 주요 내용은 전쟁의 정당성에 대한 질의와 응답이지만 인간의 윤리, 인생에서 우리가 처하는 수많은 선택에 대한 문제까지 거론합니다. 곧 우리는 누구인가, 어떻게 살아야 하는가, 우리는 매 순간 어떻게 대처해야 하는가, 어떤 선택과 결정을 내려야 하는가 등을요.

그래서 《바가바드기타》는 지속 가능성을 향해 중대한 결정을 내려야 하는 인도의 CEO들이 가장 좋아하는 책입니다. 연전年前에 인도계인 영국 총리가 취임식에서 《바가바드기타》에 손을 얹고 선서한 것도 같은 맥락인데요, 총리로서 국가와 국민을 위해 의무를 다하겠다는 의미였지요.

핵폭탄을 개발할 것인가를 고민한 오펜하이머처럼 인간은 늘 이것이냐 저것이냐의 딜레마를 안고 살지요. 정도와 위상의 차이가 있지만요. 사실 생존 경쟁이라는 말처럼 인생 자체가 전쟁터랄까요. 《바가바드기타》에서 주인공이 싸움을 벌이는 전쟁터는 끊임

**《바가바드기타》**의 **19세기 산스크리트어 필사본과 삽화**

(런던 브리티시 라이브러리)

없이 갈등하는 인간 내면의 은유입니다. 크리슈나 신은 인간 아르주나와의 대화를 통해 우리 내면에서 선과 악이 벌이는 갈등의 해결 방안을 제시하고요.

그 방향은 절대적이 아니라 각자의 위상과 처한 상황에 따라 상대적입니다.《바가바드기타》의 주인공들이 왕족으로서 의무를 선택하고, 오펜하이머가 인류 평화라는 대의를 선택한 것처럼요. CEO로서, 집안의 가장으로서, 공기관의 책임자로서의 본분과 의무는 다르니까요.《바가바드기타》의 주석서를 낸 간디는 진리를 위해 싸우는 거라고 해석했고, 어떤 독립운동가는 무장 투쟁을 정당화한 것처럼요.

그래도《바가바드기타》는 인간이라면 매번 의심하고 때로 절망하면서도 주어진 운명을 용감하게 받아들여야만 한다고 일러줍니다. 광대한 이 우주가 펼치는 드라마의 아주 작은 점으로서요.

# 3장

# 인도양보다 넓은,
# 문화에서 배우다

The man who has mounted an elephant
will not fear the bark of a dog.

코끼리에 올라탄 사람이
개 짖는 소리를 두려워하랴.

- 인도 속담

# 살쪄서
# 좋은 이유

요즘에는 몸매에 관심이 높습니다. 건강상의 이유로 살이 찌지 않도록 다이어트를 하는 사람도 많고요. 흥미롭게도 인도에는 살이 찌려고 애쓴 왕이 많았습니다. 사시사철 그런 건 아니고요, 특별한 행사가 있을 때, 즉 자선을 베풀 때 그랬습니다. 오늘날까지 이어지는 그 전통의 일면을 들여다보도록 하지요.

옛날부터 힌두 왕들은 저울에 자기 몸무게를 달아서 그만큼의 금이나 돈을 사원에 기부하거나 가난한 백성에게 나누어주었습니다. 왕의 생일이나 특정한 기념일, 개인적으로 좋은 일이 생길 때마다 이 행사를 실천했는데요, 큰 저울의 한쪽에 왕이 앉으면 다른 쪽에 황금을 얹어서 균형을 맞추는 일종의 의식이었습니다. 툴라 다안이라고 불렀는데요, 툴라는 저울, 다안은 기부라는 뜻입니다.

남부 지방에는 이 의식의 증거가 남아 있습니다. 힌두 제국 비자야나가르의 수도였던 함피에는 돌로 만든 대형 저울이 있는데요, 크기가 커서 마치 대문처럼 보입니다. 14~15세기 해외 무역으로 부강한 제국을 이룬 비자야나가르의 왕들은 이 석조 저울에 올라서 금과 은, 때로 보석과 장신구로 저울추의 균형을 맞추었지요. 왕은 저울의 균형을 맞춘 금과 은을 돈으로 바꾸어 가난한 이들에게 나누어주었습니다. 이런 전통은 전국 각지에서 이어졌지요.

자선을 베풀 시기가 다가오면 왕궁의 수라간에서는 왕을 살찌울 음식을 준비했습니다. 조금이라도 왕의 몸무게가 더 늘면 그만큼 자선의 규모가 커질 수 있어서였지요. 예상한 만큼 살이 찌지 않은 왕은 아예 완전 무장을 하고 저울대에 올라섰습니다. 서부 지방의 비카네르 왕국의 지배자가 그랬는데요, 무거운 갑옷을 입고 무기까지 들고 몸무게를 달았습니다. 그렇게 하여 120킬로그램에서 200킬로그램까지 왕의 몸무게가 올라갔지요.

몸무게를 달아서 그만큼을 적선하는 의식은 왜 했을까요? 힌두 문헌에는 왕이 백성을 보호할 의무가 있다는 표현이 자주 나옵니다. 고대 마우리아 왕국의 정치가 차나캬의 책에는 "백성의 행복이 왕의 행복"이라는 말이 보이고요. 백성에게 선정을 펼치고 좋은 업을 쌓으면 이승에서 좋은 지배자로서 평판을 얻는 건 물론이고 저승에서도 좋은 보상을 얻는다고 믿었습니다. 민심이 곧 천심이니까요.

흥미로운 점은 밖에서 온 이슬람 지배자도 이 전통을 따른 겁니다. 무굴 제국의 3대 황제 악바르는 즉위 기념일에 12번이나 몸무게를 재서 그 무게만큼의 금과 은, 비단과 곡식을 백성에게 나누어주었습니다. 매년 음력 생일에도 두 번씩 몸무게를 재 자선을 베풀었고요. 악바르의 아들과 손자들도 기부를 위해 1년에 한 번씩 저울대에 올랐습니다. 그들은 나중에 왕위에 오른 뒤에도 자선과 기부의 전통을 계속했는데요, 악바르의 아들인 자한기르 황제는 즉위 기념으로 12번 저울대에서 몸무게를 달았고, 그의 아들 샤자한 황제도 1년에 두 번씩 자신의 몸무게만큼의 황금을 사회적 약자에게 분배했습니다. 왕손일 때의 샤자한이 할아버지 악바르 앞에서 몸무게를 다는 모습은 세밀화에서 볼 수 있지요. 밖에서 왔으나 인도에서 눌러산 무굴 황제들과 달리 정권을 잡은 영국인들은 많은 부와 재물을 영국으로 가져갔고, 자연히 이러한 의식은 줄어들었습니다.

그렇다면 왕이 아닌 보통 사람들은 어땠을까요? 개인적으로 좋은 일이 있을 때 그걸 기념하여 남에게 물질을 베푸는 툴라다안의 전통은 여전히 진행 중인데요, 대개의 보통 사람은 금이 비싸서 자기 능력에 맞게 자신의 몸무게만큼 옷감이나 식용유, 먹을 걸 기부합니다. 물론 일부 부유층은 지나간 날의 왕처럼 금으로 몸무게를 재는 사례가 있지만요.

여기서 언급할 점은 가난한 사람들이 신에게 바치는 자신의 머리카락과 왕이나 부자가 몸무게만큼 기부한 금덩이가 같은 의미를 가지는 겁니다. 적어도 이론적으로는요. 만물을 주관하는 신성한 존재가 돈을 더 많이 내는 사람을 편애해서는 안 되니까요. 그래서 지금도 유명한 힌두교 사원 주변에는 자신의 소중한 머리카락을 잘라서 신에게 바친 민머리의 남녀노소를 얼마든지 만날 수 있습니다.

이방인 신분인 저로서 흥미로운 건 인도에서는 돈을 기부하거나 자선을 베푼 다음에 그것이 어떻게 쓰이는지에 관심이 적은 점입니다. 아마도 자선 행위에 방점을 두는 듯한데요, 그래서인지 유명한 힌두교 사원의 기부함에서는 익명의 기부자가 넣은 금덩이나 값비싼 보석이 종종 발견됩니다. 교육 기관이나 가난한 사람에게 가는 기부와 자선보다는 종교 단체나 사원으로 가는 기부금이 훨씬 많고요.

마지막으로, 인도에 전해지는 부와 재물을 쓰는 세 가지 방법을 소개합니다. "기부한다, 소비한다, 잃어버린다"인데요, 소유한 걸 기부하거나 써서 즐기지 않으면 결국은 잃어버린다는 겁니다. 우리나라에도 "아끼다가 똥 된다"라는 속된 표현이 있으니 인간 세상의 지혜란 대동소이다고 느껴집니다만 아무튼 인도 정부가 2014년에 기업의 사회공헌기부금CSR을 법제화한 것은 이런 맥락에서 이해할 수 있습니다. 인도에 진출한 우리 기업도 창의적인 방법으로 이런 자선과 봉사의 전통을 실천하면 어떨까요?

# 먹구름이 밀려오면 ─
## 가슴이 뛰어 ─

"먹구름이 벌판 위로 밀려오면 내 가슴은 뛴다." 19세기에 델리에 거주한 유명한 시인 미르자 갈리브는 이렇게 읊었습니다. 비슷한 시기에 영국에서 활약한 윌리엄 워즈워스는 "하늘의 무지개를 보면 가슴이 설렌다"라는 시를 남겼고요. 이 짧은 두 문장에는 인도와 영국의 문화적 차이가 숨어 있습니다. 먹구름이 밀려온다는 표현을 나쁜 일이 생긴다는 의미로 쓰는 영국에서는 먹구름이 물러가고 해가 나면서 생기는 무지개를 경이롭게 여기지만 45도를 웃도는 한여름의 인도에서는 비를 데리고 올 먹구름의 출현이 가슴을 뛰게 만드는 것이니까요. 그래서 인도 문학에서는 먹구름이 불길함이 아니라 기쁨을 은유합니다. 공작이 춤을 추고 헤어진 가족이 상봉하며 연인이 해후하듯 말이지요.

"끼트나 아차 모쌈 해, 모쌈 끼트나 아차 해."(아주 좋은 날씨네요)

하늘이 잔뜩 찌푸렸거나 부슬부슬 빗방울이 내리면 사람들은 웃는 얼굴로 이렇게 대화의 물꼬를 틉니다. 인도에서 좋은 날씨란

**147**

쨍하고 해 뜨는 날이 아니라 흐리고 비가 내리는 날입니다. 빗방울은 농사를 짓게 만들고 살인적인 더위를 잠시 쫓아주지요. 당연히 비 오는 계절, 몬순의 시작은 1년 중 가장 중요한 사건으로 여겨집니다. 연간 강우량의 80퍼센트가 약 3개월간의 우기에 내리는데요, 몬순은 그저 비가 많이 오는 계절 이상을 의미합니다. 인도인의 삶에 가장 큰 영향을 주는 주제가 바로 몬순이거든요.

몬순은 계절이라는 뜻의 아랍어 마심에서 나왔습니다. 일반적으로 비를 동반하는 계절풍을 말하지요. 인도양 북부에서 5월 말에 시작된 여름 계절풍은 대개 6월 초에 서남해안 말라바르에 도착하고, 다시 열흘 뒤에 대도시 뭄바이에 다다릅니다. 6월 말이면 델리에 비를 뿌리고, 7월 첫 주에는 전국을 비에 젖게 만들지요. 모든 신문과 방송이 몬순이 어디까지 왔는지, 언제 자기가 사는 지방에 도착할지를 매일 카운트다운 합니다. 사람들은 뉴스를 따라 목을 빼고 몬순을 기다리고요.

해뜨기 직전이 가장 어두운 것처럼, 대지가 가장 뜨거운 때가 바로 몬순 직전인데요, 더위의 폭력에 지친 사람들의 짜증과 분노, 우울감과 스트레스 지수가 높아지고, 사건 사고와 종교 집단 간의 갈등이 가장 많은 것이 이 무렵입니다. 전국에 긴장감이 감돌지요. 몬순이 늦어지면 농민들과 유권자를 의식하는 높으신 정치인들도 노심초사합니다. 6억 명의 인구와 국내 총생산의 20퍼센트를 차지하는 농업이 몬순에 의지하기 때문인데요, 정부 예산도 몬순에 달렸습니다. 몬순이 좋으면 경제가 성장하고 인플레이션이 낮아져 모두가 행복해지지만 그렇지 않으면 흉작으로 많은 농민이 고통에 빠지니까요.

다행히 우리 인생처럼 힘든 날은 지나갑니다. '마침내' '드디어' 모든 이의 박수를 받으며 몬순이 도착하지요. 갑자기 세상이 마술처럼 변합니다. 마치 뜨거운 사막에 강물이 흐르는 것처럼요. 첫 빗방울이 떨어지면 많은 이들이 밖으로 뛰쳐나가 환호하는데요, 진한 흙냄새를 풍기는 비에 젖은 대지를 밟으며 소리를 지르고 춤을 추지요. 몬순을 기리는 축제도 벌어지고요. 5세기의 시인 칼리다사의 표현대로 온 우주를 살찌게 하는 몬순, 국토를 기름지게 하는 생명력이 찾아온 겁니다. 극심한 더위로부터의 해방과 함께요.

하지만 좋은 날은 길지 않습니다. 때로 비가 많이 내려 홍수도 나고요. 5G, 인공 지능의 시대에도 비를 마음대로 조절할 능력은 아직 없습니다. 그래서 3개월여의 몬순과의 사랑이 끝나면 인도인은 다음 몬순, 내년에 다시 올 기적을 기다립니다. 기다리는 데 선수인 그들은 비를 달래는《리그베다》의 축문을 지난 3,500년간 암송하며 몬순을 기다렸습니다. 문학, 음악, 미술에 비와 구름에 대한 기원을 담으면서요. 비를 부르는 노래, 몬순 찬가, 구름의 움직임을 동작으로 묘사한 고전 무용과 조각도 만들었습니다.

몬순은 종교와 문화, 경제와 정치 등 거의 모든 분야와 연계됩니다. 하지만 더 중요한 건 심리적인 게 아닐까요? 몬순은 지친 사람들에게 살아남을 희망과 참을 수 없는 더위를 견딜 힘을 선사합니다. 한 방울의 물이 귀한 서북부의 타르 사막 지대에는 구름을 지칭하는 단어가 무려 40개나 된다는데요, 그 디테일에서 몬순, 아니 삶에 거는 보통 사람의 절절한 희망을 감지할 수 있습니다.

시간이 지나면 언젠가는 사막을 지나 물가에 다다른다고 믿는 이들이 살아남고 그 정신을 잇고 또 이은 열대 지방의 인도에서는 그래서 고대부터 높은 수준의 문명이 들어섰습니다. 몬순이 한없이 경이로운 이유입니다.

# 죽음도
## 희망이다

민화를 하나 소개하겠습니다. 옛날에는 힌두교 사원에서 동물의 희생 제사를 지냈는데요, 어느 날 브라만이 제단에 바칠 염소의 목을 내리치려는데 염소가 '헤헤헤' 웃는 겁니다. 여러분은 염소의 울음소리, 아니 웃음소리를 기억하시지요? 놀란 사제가 "너는 곧 죽을 텐데 무엇이 좋아서 웃느냐"라고 물었지요. 그러자 염소는 이렇게 대꾸했습니다.

"저는 이제 91번만 더 죽으면 인간이 됩니다. 그 생각을 하니 좋아서요."

염소는 죽음의 절망에서 내세의 희망을 찾은 겁니다. 물론 환생을 믿는 인도인이 죽음을 즐겁게 맞이하지는 않습니다만 다른 문명권보다 죽음 앞에 덜 절망하는 건 분명합니다. 죽음이 희망이 되는 건 환생이나 해탈이 죽어야만 가능해서인데요, 죽음에서 희망을 찾아낸 인도인은 나쁜 현실에서도 희망을 찾는 데 선수들입니다.

저는 윤회를 믿는 그들의 세계관을 희망적이라고 생각합니다. 이승에서 노력하면 내세에 더 나은 운명을 가진다고 '진화'를 말하는 점에서요. 그 논리에 따르면 악업으로 지옥에 간 사람도 미물로 다시 태어나서 윤회를 거듭하면 언젠가는 사람으로 환생합니다. 몇 번을 환생해야 인간이 되는지 명확하지는 않아도 100번이든 1만 번이든 윤회하다 보면 언젠가는 인간이 된다는 믿음이지요.

윤회와 환생은 잘 태어날 기회를 수없이 준다는 점에서 희망적입니다. 열 번, 스무 번이 넘게 태어나는 내세에서는 조금 더 나은 삶을 기대할 수 있으니까요. 1,000년을 기약하면 못 이룰 사랑이 없습니다. 유행가 가사처럼 가슴 아린 사랑도 다음 생에 결실을 볼 수 있다면 나름으로 희망이 되지요.

오스카상을 받은 미국 영화 〈슬럼독 밀리어네어〉는 서해안의 메가 도시 뭄바이가 배경입니다. 하지만 그 슬럼가에 사는 영화 속의 사람들은 삶을 비관하지 않는데요, 비참한 환경에서 가난하게 살아도 축제를 즐기고 영화를 보며 웃고 떠들며 지냅니다. 영화를 본 우리나라의 지인들은 저에게 그들의 낙관주의가 어디서 오느냐고 여러 번 물었습니다.

역설적으로 답하면 힌두교의 근간인 카르마(업)의 법칙이 개인의 불행을 변명해줍니다. 지금의 나쁜 상황은 전생의 업이니 지금의 '내' 잘못이 아니라고요. 모든 건 인간의 의지와 노력으로 어쩌지 못하는 전생의 결과니까요. 그러니 불행하다고 한탄할 이유가 줄어듭니다. 그래서 사업에 실패한 사업가나 시험에 떨어진 학생은 '그럴 수도 있지'라는 뜻의 "호따해!"라고 말하며 절망을 덜어내지요.

무엇보다 인생무상, 즉 세상에 변하지 않는 것은 없으며 모든 건 일시적이라는 생의 철학이 위안이 됩니다. 인간이 겪는 고통과 아픔도 때가 되면 다 지나간다고요. 심지어 힌두교에서는 극악무도한 살인마의 영혼도 지옥에서 영원히 살지 않고 다시 태어난다고 여깁니다. 영원한 지옥이라는 개념이 없지요. 게다가 이번 생은 아직 끝나지 않았으니 다음을 기약할 수 있습니다. 내일 안 되면 모레가 있고, 이승에 안 되면 내세가 있으니 희망을 버리지 않는 겁니다.

이방인인 제가 발견한 절망을 희망으로 삼는 사례를 볼까요? 죄를 많이 지은 사람은 갠지스강에서 목욕하면 죄를 다 씻는다고 여깁니다. 만약 갠지스강에 가지 못하고 죽었다면 죽은 뒤에 유해를 갠지스강에 뿌려도 효과가 같고요. 살아서도 죽어서도 갠지스강에 가지 못한 사람은 자기 주변의 성스러운 강으로 갠지스강을 대신할 수 있습니다.

그렇지만 힌두 문명에서 최고의 희망은 윤회의 사슬에서 벗어나는 해탈입니다. 이론적으로는 840만 번을 환생해야 가능하니 사실 해탈은 불가능하지만요. 그래도 힌두교에서는 누구나 해탈할 수 있다고 희망을 주는데요, 그 원칙은 공평무사해서 낮은 카스트라도 사제 브라만처럼 노력하고 착하게 살면 브라마 신의 나라, 천국에 갈 수 있습니다. 종교적으로 차별받는 불가촉천민도 깨달음을 얻으면 영혼 불멸을 이룰 수 있고요.

비과학적이라고요? 사실 그들의 믿음을 미신이냐, 과학적이냐로 따지는 건 중요하지 않습니다. 그런 전통을 가진 인도인이 웬만해서는 절망하지 않는다는 점을 주목해야지요. 나쁜 상황을 좋은 쪽으로 생각하는 건 현명한 생존 전략이니까요. 그렇게 그들은 오랜 문명을 오늘날까지 이어왔습니다.

물론 오늘날에는 윤회 사상을 곧이곧대로 믿는 인도인이 많지는 않습니다만, 그래도 수천 년간 내려온 업과 환생의 개념이 그들의 삶의 지향에 영향을 주는 건 틀림없습니다. 그 덕에 인도인은 힘들어도 훗날을 기약하며 잘 견디지요. 죽음도 희망으로 바꾼 사람들이니까요. 더 나은 삶이나 해탈을 위해 수천 번 환생하듯 이번 인생도 참고 기다려야 바라는 걸 얻을 수 있음을 잘 아는 겁니다. 7전 8기가 아니라 49전 50기, 아니 그 이상이랄까요. 외세의 잦은 침입과 8세기가 넘게 이국 지배자의 통치를 받고도 힌두 문명이 본질을 잃지 않고 살아남은 건 그래서입니다.

5,000년이 넘는 역사를 하루처럼 이어온 인도를 보면, "강자가

살아남는 것이 아니라 살아남은 자가 강자"라는 말이 실감 납니다. 인도가 이 세상의 최후까지 살아남을 가능성은 어느 정도일까요? 인도를 공부하는 저는 매우 높다고 생각합니다. 절망은 유한하고 희망이 무한대인 그들의 다시 '일어나기'는 계속될 것이고 좋은 결말이 올 때까지 역사가 종말을 맞지는 않을 테니까요.

인도의 라자스탄이 배경인 2012년에 나온 영국 영화 〈베스트 엑조틱 메리골드 호텔〉의 마지막 자막은 이런 인도인의 세계관을 간단하게 정리해줍니다.

"결국 끝은 다 좋다. 만약 좋지 않다면 아직 끝이 아니다."

# 자이나교도는
## 모두 상인

인도에서는 많은 종교가 태어났습니다. 불교와 비슷한 시기에 탄생한 자이나교가 그중 하나이지요. 기원전 6세기경입니다. 불교처럼 브라만 중심의 믿음에 반대한 크샤트리아 계층의 프로테스탄트인데요, 그래서 카스트 제도를 부정하고 상인 계층(바이샤)의 지지를 받으며 발전했지요. 자이나교는 지금 약 400만~500만 명의 신도를 가진 소수 종교에 불과해도 그들이 문화와 경제에 끼친 영향은 적지 않습니다. 오늘날 나라 안의 내로라하는 부자 중에는 자이나교도가 많고요. 세계 다이아몬드 산업을 장악한 상인들도 그들이지요.

자이나교도는 주로 델리와 서부의 두 주 지방, 즉 구자라트와 라자스탄에 거주합니다. 예나 지금이나 상업과 비즈니스에 종사하면서요. 그들이 거의 다 상인인 이유는 자이나교의 가장 중요한 윤리인 비폭력 때문인데요, 20세기에 간디가 널리 알린 비폭력은 사실 불교, 자이나교와 함께 등장한 개념입니다. 우주는 상호 의존한다, 곧 세상의 모든 생명은 하나의 에너지인 생명력의 환생으로 다 같이 중요하다고 믿지요.

그래서 자이나교는 살생을 금합니다. 일부 자이나교도는 공기에도 세균 등의 미세한 영혼이 산다고 여겨서 숨을 들이쉴 때 그 존재가 입으로 들어가 죽지 않도록 마스크를 착용하지요. 개미처럼 땅에 사는 미물을 다치지 않으려고 나막신을 신고 다니고요. 같은 논리로 술과 고기는 물론이고 자극적인 마늘과 양파, 사람의 얼굴을 닮은 감자와 버섯도 먹지 않는데요, 세계 최초의 채식 피자헛 매장과 채식 맥도널드 매장이 간디의 고향이자 자이나교 영향이 큰 구자라트에 들어선 건 그래서입니다.

당연히 비폭력은 자이나교도의 직업 선택에 막대한 영향을 미쳤습니다. 사람을 해치는 무기류나 동물을 다루는 일은 할 수 없었지요. 땅이나 물속의 생명을 위협하는 농업과 어업도 피했고요, 적과 싸우는 군인도 될 수 없었습니다. 결국 생명을 해치지 않는 은행업과 대금업 등 각종 상업을 택했지요. 국내외 무역, 귀금속상, 포목상으로 돈을 번 사람이 많았습니다. 장사하는 그들은 주로 도시에서 유복하게 살았지요.

오늘날 인구의 0.4퍼센트를 차지하는 자이나교도가 내는 세금은 전체의 20퍼센트나 됩니다. 그들이 이렇게 성공한 원인은 자이나교 윤리에서 찾을 수 있습니다. 비폭력처럼 중요한 윤리가 '무 집

착'인데요, 돈에 대한 욕심을 폭력의 일종으로 여긴 그들은 신앙처럼 돈을 벌고 돈에 집착하지 않습니다. 출가승처럼 엄격한 채식주의, 서양의 청교도처럼 검소한 생활, 근면을 중요시하고요. 막스 베버가 말한 '프로테스탄트 윤리와 자본주의 정신'을 빌려 말하면 이런 자이나교 윤리가 그들이 비즈니스에서 성공하는 정신을 키웠습니다.

자이나교도 상인은 타협과 화해에도 능했습니다. 중세 유럽의 길드와 같은 조직과 형제애라는 단단한 무기를 가졌고요. 당장의 이익보다 장기적 사업 관계를 중요시했습니다. 비즈니스에는 무릇 안정과 평화가 중요하다는 걸 잘 알았지요. 그래서 인도를 정복한 이슬람 술탄과 무굴 황제들을 재정적으로 돕고 조언하며 그 후원을 받았습니다. 영국이 인도를 장악할 때도 정치적 혼란을 끝내려고 막강한 자금력과 정보 조직을 활용하여 결정적 도움을 준 이들도 있고요. 물론 모국을 배신한 벵골 지방의 그들은 곧 배신을 당했지만요.

검소한 자이나교도는 돈을 주로 자선 사업에 기부합니다. 학교와 무료 급식소, 사람과 동물을 위한 병원, 자이나교 사원을 세우는 데 많은 돈을 쓰지요. 그들이 자선 사업에 눈을 돌린 큰 계기가 있었는데요, 19세기 데칸 지방의 폭동입니다. 높은 이자율로 돈을 빌렸으나 흉작으로 상환이 막막해진 가난한 농민과 곡물상 들이 자이나교 고리대금업자들을 공격하고 해당 문서를 불태운 사건이었지요. 그때부터 자이나교도는 지역 사회를 돌아보게 되었습니다. '혼자 잘살면 무슨 재미가 있나?'를 깨달은 거지요.

자이나교의 최고 성지는 첫 자이나(모든 걸 이긴 자)가 설법한 구자라트주의 사투룬자야입니다. 900여 개 자이나교 사원이 모인 곳인데요, 세계 최초의 채식 도시인 이곳에서는 달걀 한 개만 사고팔아도 범법자가 됩니다. 놀랍지요? 이 점에서 알 수 있듯 자이나교 상인은 개혁적이지 않다는 평을 듣습니다. 관습이나 전통이 그동안 크게 변하지 않았거든요.

하지만 고대부터 동남아로, 아랍과 아프리카로 인도양을 누빈 모험적이고 개방적인 인도 상인도 그들이었다는 걸 간과하면 안 됩니다. 자이나교 상인의 상당수는 힌두교의 상인 계층에 통합되었으나 그들이 가진 유연성과 비즈니스 노하우는 그대로 전해졌는데요, 인도가 인더스 문명 때부터 다른 나라에 뒤지지 않는다고 자부하는 한 가지가 바로 상인 계층의 역동성입니다. 오늘날 인도 경제를 움직이는 거물의 상당수도 상인 카스트에 속하고요. 이래저래 인도의 역사는 계속됩니다.

# 갠지스강물은
## 진짜 약수

역사의 새벽에 모든 문명은 강가에서 일어났습니다. 인도 문명도 인더스강과 갠지스강 유역에서 탄생하고 자랐는데요, 특히 만년설이 덮인 히말라야에서 발원하여 너른 평원을 가로지르며 동쪽으로 흐르는 갠지스강은 사연과 곡절 많은 인도 역사를 지켜보았습니다. 그 오랫동안 갠지스강은 한결같이 깊은 사랑과 숭배를 받았지요. 살아생전에 누구나 꼭 한 번 가보기를 소망하는 장소로요. 최근에는 갠지스강이 성스럽다고 숭배되는 이유가 과학적으로 증명되어 화제를 모았습니다.

널리 알려진 것처럼 힌두들은 강가라고 부르는 갠지스에서 목욕하면 죄가 씻긴다고 믿습니다. 그 강변에서 시체를 화장하고 재를 강에 뿌리면 구원을 얻는다고도 여기고요. 그래서 고대부터 갠지스강의 종교적 축제에는 인파가 몰렸습니다. 12년마다 성대하게 열리는 쿰브 축제에는 전국에서 수백만 명이 찾아와 강물에 몸을 담그고요. 물론 많은 외국인과 인도인 일부는 이를 미신이라고 치부합니다.

그런데 전국에서 갠지스강을 찾아온 사람들이 잊지 않고 집으로 챙겨가는 것이 하나 있습니다. 아득한 옛날에도 그랬고 인도가 화성 탐사선을 발사한 오늘날에도 그런데요, 바로 강물입니다. 순례자들은 강물을 병에 담아 집으로 가져가지요. 강물을 마시면 죄가 씻기고, 그 강물을 한 방울만 넣어도 갠지스강물과 같은 효과를 가진다는 믿음에서지요. 신비한 힘을 가진 강물을 이웃이나 친척에게 선물로 주거나 자신이 쓰려는 겁니다. 19세기 북부 지방에서 제2의 교역품이 놋쇠와 구리로 만든 물병일 정도였지요. 요즘에는 가벼운 플라스틱 물병이 대세지만요.

갠지스강물은 이슬람을 따르는 무굴 황제들도 선호했는데요, 건강에 좋다고 식수로 마시고 그 물로 음식을 만들었습니다. 강물을 "불멸의 물"이라고 부른 악바르 황제는 강에서 800리 떨어진 지역에서 전투할 때도 갠지스강물을 실어 오도록 명했지요. 그의 증손인 아우랑제브 황제도 뜨거운 전쟁터의 군사들에게 갠지스강물이 든 항아리 한 개씩을 보급품으로 나누어주었습니다.

나름 과학적이고 합리적이라고 자처하는 영국인도 마찬가지였지요. 19세기 말 한 영국인 세균학자는 갠지스강물에 넣은 콜레라균이 세 시간 만에 죽는 걸 발견했으나 강물을 끓이자 그 효과가 사라졌다고 발표했습니다. 1927년에도 유사한 목격담이 나왔는데요, 콜레라로 사망한 시체들이 둥둥 떠 있는 갠지스강 인근에서 채취한 강물에 콜레라균이 없었다고요. 그래서인지 영국의 동인도회사 선박들은 인도에서 영국으로 떠나기 전에 3개월간의 여행에 필요한 물을 갠지스강물로 채웠습니다. 갠지스강물은 정말 성스러울까요? 신비한 효력이 있을까요?

수천 년의 믿음이 21세기에 과학적 시험대에 올랐습니다. 2016년 정부는 갠지스강물의 의학적 가치를 분석했는데요, 놀라운 결과가 드러났지요. 오염되지 않은 갠지스강의 상류에서는 천연 살균제인 은과 동이 검출되었습니다. 오염이 극심한 하류에 이르는 갠지스강 전체에서 박테리아를 먹는 바이러스가 나왔고요. 폐렴, 이질, 뇌수막염과 같은 만성적 질병을 완화하는 파이토케미컬phytochemical도 들어 있었습니다. 무엇보다 갠지스강물의 산소 농도가 다른 강물보다 25배나 높았지요.

결과는 그래도 갠지스강의 오염은 극심합니다. 정부가 강물을 정화하려고 애를 써도 사정은 더욱 나빠지는데요, 매일 수많은 순례자가 버린 더러움, 기도를 올린 뒤 버린 금잔화와 지푸라기들, 화장터에서 태우다 만 사람의 뼈와 각종 동물의 사체가 강물로 던져집니다. 갠지스강 유역의 25개 도시가 배출한 생활 하수와 산업 쓰레기도 강물의 오염에 악영향을 미치지요.

그런데도 믿는 자들은 갠지스강을 찾은 순례자들이 피부병이나 기타 질병에 걸린 적이 없다고 자랑합니다. 이번에 발견된 강물 속의 항균, 항박테리아 성분 때문인데요, 갠지스강물에서 모기가 알을 까지 못하는 이유도 그래서였지요. 산소 농도가 높아서 강물을 집으로 가져가 오래 두어도 썩지 않았던 거고요. 정부는 많이 오염되었어도 갠지스강물의 치유 능력이 아직까지는 유효하다고 판단합니다.

그동안 종교적 목적과 부정한 걸 정화하는 뜻으로 갠지스강물을 이용했다면 앞으로는 건강을 위해서 강물을 이용할 사람이 생길 걸로 보이는데요, 갠지스강물의 분석 자료를 읽은 저도 어떤 믿음이 수천 년간 지속된다면 거기에는 숨은 진리가 있다는 생각이 들었습니다. "가난이 존재하는 한 신이 존재한다"라는 누군가의 말을 빌려서 이 한마디를 덧붙이고 싶은 생각도요.

"인도가 존재하는 한 갠지스강은 영원할 것이다."

# 크리켓을
# 좋아하는 이유

인도는 스포츠에서 열세입니다. 인구를 고려하면 국제 경기에서 성적이 저조한 편이지요. 2016년 현재 올림픽에서 딴 메달이 20개에 불과합니다. 금메달은 겨우 한 개고요. 그런 인도에서 인기를 구가하는 운동 종목이 있습니다. 크리켓인데요, 인도인은 6개월간 크리켓 경기를 보고 오프 시즌 6개월은 그걸 이야기하며 지낸다는 말이 있을 만큼 열광합니다. 프로 리그도 있고요. 이번에는 미국의 야구, 남미의 축구처럼 인도를 대표하는 크리켓을 알아보겠습니다.

먼저 크리켓이 인도에 소개된 연유부터 알아볼까요. 인도를 지배한 영국과 연관이 있는데요, 실화는 아니지만, 2001년 개봉된 인도 영화 〈라가안〉이 크리켓의 시작과 발전 과정을 잘 알려줍니다 (라가안Ragaan은 '세금'이라는 뜻입니다). 1893년이 배경인 영화에서 영국인 관리들은 인도 농민들에게 엉뚱한 제안을 하지요. 자신들과 크리켓 경기를 벌여서 농민들이 이기면 세금을 깎아줄 것이고 자신들이 이기면 세금을 두 배로 올리겠다고요. 사실상 강자의 협박이었지요. 그 억지를 받아들일 수밖에 없는 농민들은 생전에 듣도 보도 못한 그 경기를 배워서 영국인들을 이기는데요, 실제로는 영국 지배자들이 크리켓을 19세기 중반부터 인도의 상류층에게 소개했습니다. 영국에서 '신사의 게임'이라고 불린 운동을요. 페어플레이 정신, 스포츠맨십, 심판에 대한 절대복종을 가르치면서 제국에 대한 충성심을 기르려는 목적이었습니다. 흥미롭게도 상황은 다른 방향으로 흘러갔지요. 인도의 종교 집단들이 크리켓을 배우고 서로 경기를 벌이면서 '우리'라는 정체성을 깨달았으니까요. 1880년대부터 크리켓 팀들이 영국으로 원정 경기를 가고, 영국 팀이 인도에 원정 경기를 오면서 크리켓 경기는 인도와 영국 간의 국가적 대결 양상을 띠었습니다.

오늘날 우리나라 팀과 일본 팀의 축구 경기가 벌어질 때를 떠올리면 영국과 맞붙은 당시 인도 팀을 보면서 지배를 받는 인도인들이 애국심을 느꼈다는 걸 이해할 수 있지요. 현실에서는 지배자 영국을 이길 수 없어도 적어도 운동장에서는 약자인 인도가 강자를 이길 수 있으니까요. 영국은 자신들이 가르친 스포츠맨십과 페어플레이 정신을 내세우는 인도 팀에게 패배를 인정해야만 했지요. 인도 팀이 영국을 이기면 전국이 축제 분위기였습니다.

크리켓은 야구처럼 공을 던지는 선수와 배트로 공을 치는 선수로 구성됩니다. 당시 인도 선수들은 영국 선수가 던진 공을 배트로

'딱!' 때리면서 마치 백인 지배자를 한 대 때리는 기분을 느꼈을 겁니다. 관중도 그랬고요. 지배를 받는 그들에게 자신감이 생겼지요. 게다가 크리켓으로 영국을 이기는 건 독립운동을 이끄는 간디의 비폭력 정신에도 부합했습니다. 폭력을 쓰지 않은 합법적인 승리니까요.

크리켓을 통한 애국심 고취는 독립한 뒤에도 이어졌는데요, 분단한 뒤 경쟁국이 된 파키스탄과의 크리켓 경기를 지켜보면서 넓고 다양한 인도가 하나로 똘똘 뭉쳤습니다. 이후 TV가 보급되며 크리켓의 인기는 한층 더 치솟았지요. 유명 선수들은 스타가 되었고요. 2008년 프로 리그가 도입되면서 스타 선수들의 수입이 상상을 초월합니다. 크리켓 프리미어 리그는 세계에서 가장 많은 사람이 보는 프로 리그인데요, 중계 채널의 경기당 평균 시청자가 무려 1억 7,000만 명입니다. 상업적으로 성공했지요.

이제 크리켓은 원산지 영국보다 인도에서 더 큰 인기를 누립니다. 전국의 크고 작은 골목이나 운동장에서는 늘 크리켓 경기가 벌어지지요. 축구나 농구를 하는 아이들은 드뭅니다. 크리켓이 이렇게 사랑을 받는 이유는 더 있습니다. 운동선수끼리 몸을 많이 부딪치지 않는 경기이기 때문인데요, 카스트 제도로 신체 접촉의 금기를 가진 상층 카스트 출신이 처음부터 크리켓을 즐긴 이유입니다. 덜 역동적이고 덜 공격적인 점도 인도 문화에 어울리고요.

1911년 영국에서 최초의 원정 경기를 치른 인도 크리켓 대표팀

크리켓은 경기가 아주 깁니다. 요즘에는 하루 만에 끝나는 원데이 크리켓이 등장했으나 테스트 매치는 보통 5일간 계속됩니다. 그렇게 긴 시간을 들여도 무승부가 나올 수 있으니 성격이 급한 사람들은 좋아하기 어렵습니다. 사실 원데이 크리켓도 종일 경기가 벌어져서 경기장의 관중이나 TV 앞의 시청자들은 많은 시간을 투자해야 하니까요. 그래도 인도인은 크리켓만 좋아합니다. 시간에 쫓기지 않고 참고 기다리는 걸 잘하는 그들에게 어울린다고 할까요. 국제 경기에서 선전하는 필드하키는 두 시간 만에 승패가 나는데도 인기가 없는 걸 보면요.

크리켓은 글로벌 스포츠는 아니지만 영화와 함께 인도에서 가장 인기 있고 가장 돈이 많이 몰리는 대중문화입니다. 인기 선수들과 인기 배우들이 거의 신과 같은 대접을 받는데요, 크리켓은 몰라도 인도의 크리켓을 통해 제가 알아낸 확실한 점은 외국의 문물을 받아들여서 자기화하는 능력, 모든 걸 인도화하는 그들의 문화적 특성입니다.

# 첫 이슬람 개종자는
## 힌두 왕

인도에서 이슬람 통치가 시작된 건 1206년입니다. 오늘날 아프가니스탄에 있던 구르 왕조의 술탄이 북부 지방에 침입하여 승리를 거둔 뒤에 그의 부하가 델리에서 첫 이슬람 왕조를 열면서였지요. 이후 인도는 약 600년간 아랍, 투르크, 페르시아, 중앙아시아에서 온 여러 이슬람 세력의 지배를 받았습니다. 자연히 무슬림 인구가 증가했지요. 파키스탄과 방글라데시가 분단되기 전 인도 인구 4분의 1이 무슬림이었습니다. 그들이 떠나고 한참 지난 현재 이슬람 인구는 약 15퍼센트, 2억 명이 넘고요.

하지만 넓은 영토를 가진 인도에는 여러 개의 역사가 공존합니다. 잠시 시선을 남부 지방으로 돌리면 그곳에서 이슬람의 역사는 앞의 설명과 사뭇 다릅니다. 이슬람 세력이 군사를 이끌고 북부 인도를 차지하기 500년 전에 아랍의 새 종교 이슬람이 이미 서남부 지방에 도착했으니까요. 아라비아해를 끼고 중동 지방과 해상 무역이 성했던 그곳에는 배를 타고 무역하려고 온 아랍 상인들이 평화롭게, 개별적으로 이슬람을 소개했습니다.

그래서 말라바르라고 불린 오늘날의 케랄라주에는 7세기에 이미 이슬람으로 개종한 사람들이 있었습니다. 예언자 마호메트가 새로운 믿음을 설파하던 동시대에 말이지요. 놀랍게도 첫 이슬람 개종자는 서남부 일대를 다스리던 체라 왕조의 힌두 왕, 체라만이었습니다. 그는 자발적으로 새 종교를 받아들였지요. 그가 아라비아해를 건너 아랍을 방문하고 예언자 마호메트 앞에서 개종한 점은 더욱 놀랍습니다. 이는 나중에 문자화한 케랄라의 구비 전통과 이슬람 쪽의 기록에 나오는데요, 이번에는 그 이야기를 따라가보지요.

한때 세계 유일의 후추 산지이자 동남아에서 실려 온 각종 향신료의 중개무역으로 번성한 체라 왕국의 지배자는 어느 날 꿈에서 하늘의 달이 둘로 갈라졌다가 다시 붙는 걸 목격했습니다. 왕은 나라 안의 내로라하는 지식인을 불러 해몽을 구했으나 만족한 답을 찾지 못했지요. 그러다가 한 아랍 상인을 면담하면서 그것이 무함마드의 기적인 걸 알게 됩니다. 그때 왕은 깜짝 놀랄 결단을 내리는데요, 진리를 찾아서 왕위를 버렸습니다. 그보다 1,000년 전 북부 지방에 살다 출가한 고타마 싯타르타처럼요.

아라비아해를 건너 무함마드를 방문한 체라만은 그 자리에서 이슬람교도가 되었습니다. 아랍의 메카에 몇 년 머물다 귀국하는 도중에 사망했지만요. 체라만을 동행하던 무함마드의 측근이 말라바르 해안에 도착하여 힌두 왕을 찾았습니다. 체라만의 편지를 소지한 그는 모스크를 세우게 해달라고 간청했고, 왕위를 이어받은 체라만의 조카는 기꺼이 땅을 내주었지요. 그렇게 코둔갈루르에 인도의 첫 모스크가 들어섰습니다. 629년이었는데요, 로마 시대부터 무역항으로 번영을 구가했으나 14세기에 홍수로 망가진 코둔갈루르에는 지금도 그 모스크가 남아 있습니다. 힌두 왕의 이름을 따서 체라만 모스크로 불립니다. 아랍에 들어선 첫 모스크에 이어 세계에서 두 번째로 오래된 모스크로도 알려졌고요. 그때부터 지금까지 1,400년이 넘게 금요 예배를 드리는 장소로 사용됩니다. 시간의 파고를 넘으며 보수와 개축을 거듭했지만 체라만 모스크는 여전히 남부 지방의 독특한 건축술과 힌두교 사원의 영향을 드러내며 굳건하게 서 있습니다.

케랄라주에는 체라만 모스크처럼 800년이나 400~500년의 오랜 역사를 자랑하는 이슬람 사원이 많습니다. 대개 아랍 상인이 건축했다고 전해지는데요, 흥미로운 건 이들 모스크가 중동이나 인도 여타 지방의 모스크와 외관이 다른 점입니다. 목재와 타일을 많이 쓰고 조각이 풍성한 케랄라의 건축 양식이 반영되어서지요. 1.000년이 넘은 체라만 모스크에 여타 모스크에서 볼 수 있는 이슬람 양식의 돔과 첨탑이 들어선 건 20세기 후반의 일입니다. 칼이냐,

《코란》이냐가 아니라 평화롭게 이슬람을 소개하거나 개종한 사람들이 현지 문화와 전통을 존중한 흔적이지요.

대양을 향해 넓게 열린 지리와 그에 걸맞은 포용의 역사를 지닌 케랄라주에는 현재 이슬람 인구가 27퍼센트로 전국 평균의 두 배에 가깝습니다. 그런데도 다수인 힌두교와 큰 갈등 없이 지내는데요, 이 지방은 기독교 인구도 20퍼센트나 됩니다. 다른 사람들과 상생하는 전통이 2,000년 넘게 이어진 거지요. 힌두 왕들은 바다를 건너온 이방인들에게 땅을 내주고 그들의 믿음을 인정했습니다. 그래서 52년에 도착한 기독교인, 그들보다 20년 뒤에 피난 온 유대인, 나중에 생긴 이슬람교도가 평화롭게 공존했지요.

그렇게 차이를 인정하고 더불어 사는 케랄라인의 전통은 바깥 세상에 잘 알려지지 않았는데요, 그렇지만 인종 차별과 종교적 갈등이 여전히 큰 뉴스인 오늘날의 세계에 그들이 주는 시사점은 적지 않습니다. 평화로운 공존이 나쁜 적은 없으니까요.

# 유대인은 인도에서
## 박해를 받았나

"나는 누구인가? 어디서 왔는가? 어떻게 왔는가? 내 진짜 어머니는 누구인가? 내 아버지는 누구인가?" 힌두 철학자 아디 샹카라는 이런 다섯 개의 질문을 던졌습니다. 답을 찾아 헤맨 그는 32세에 요절했으나 철학사에 길이 남는 큰 인물이 되었는데요, 그처럼 고상한 진리를 추구하는 사람이 유난히 많은 인도에서는 여러 종교가 태어났습니다. 힌두교, 불교와 자이나교, 시크교를 포함해서요. 이들 종교는 독자적 성격을 가지지만 윤회 사상과 비폭력 이론 등 인도의 문화적 특성을 공유합니다.

그렇다면 인도에 정착한 외국의 종교들(이슬람교, 기독교, 배화교, 유대교)은 어땠을까요? 결론을 먼저 말씀드리면 그들도 인도의 환경 속에 인도화한 모습으로 자리를 잡았습니다. 그중에서 인도에서 가장 오랜 역사를 가진 유대교를 통해 인도 문명의 특성을 짚어봅니다.

인도의 유대인은 하나의 집단이 아니었습니다. 서로 다른 시기에 서로 다른 지방에 정착했지요. 가장 먼저 온 유대인은 기원전 6세기경 남부에 도착한 상인들이었습니다. 그다음은 기원전 2세기경 종교 박해를 피해 배를 타고 떠돌다가 인도 서해안에서 구조된 베네 유대인이었고요. 14~15세기 스페인의 박해를 피해 인도 남부에 내린 사람들, 1800년대 바그다드에서 이주한 유대인 등으로 다양했습니다.

대개 차별과 박해를 피해 정든 땅을 등지고 온 그들은 어디에 살든지 언제 어떻게 왔든지 인도에서 차별을 받지 않고 살았습니다. 별다른 위협을 받지 않고 자기 종교와 문화적 정체성을 유지하면서요. 물론 적당히 현지 문화에 동화하고 그 사회의 일원이 되었고요. 그래서 지난 2,000년간 온갖 구박을 받으며 세계 각지를 유랑한 유대인들이 평화롭게 지낸 유일한 나라가 인도라는 말이 나왔을 정도지요.

인도인이 유대인을 대한 사례를 몇 개만 살펴볼까요? 14세기 박해를 피해 유럽을 떠나온 유대인들에게 남부 지방의 어느 힌두 왕은 "세상이 존재하고 달이 뜨는 한" 자기 왕국에서 살아도 좋다고 말했습니다. 영원히 살라는 뜻이었지요. 유대인이 예배당을 세우고 사유 재산을 가지도록 허용했고요. 포르투갈령 서해안 고아에서 도망쳐 온 유대인들에게 힌두교 사원 옆에 예배당을 짓도록 땅을 내준 코친 지방의 상인도 있었습니다.

난파된 배에서 구조된 14명의 베네 유대인은 기름 짜는 일로 금세 지역 사회에 편입했습니다. 큰 기술이 필요하지 않아서 언어도 모르고 무일푼인 그들에게 적당한 일이었지요. 유대의 계율을 따라 토요일에 일하지 않는다고 글자 그대로 '토요일 기름 짜는 사람'으로 불린 그들은 다수의 힌두 문화를 적극적으로 받아들이며 번성했고, 500년 뒤에는 항구 도시에서 여러 기업을 세워 큰 번영을 누렸습니다.

제2차 세계대전이 한창일 때 인도에 도착한 유대인도 있었지요. 나치의 유대인 학살을 피해 온 어린 고아들이었습니다. 어떤 폴란드인이 부모를 잃은 1,200명의 아이들을 몰래 배에 태워 영국으로 보냈으나 입국을 거절당한 뒤 영국의 식민지 인도까지 온 아이들이었지요. 인도에 거주하는 영국인마저 난색을 보이자 구자라트의 한 인도인 왕이 그들을 받아들여 전쟁이 끝날 때까지 보호했습니다. 나중에 미국과 이스라엘에 거주하는 그때의 생존자들이 왕을 위해 감사의 기념비를 세우고 홀로코스트의 역사에 기록을 올리겠다고 제안했는데요, 왕의 후손은 "돌아가신 아버지가 알려지기를 원하지 않았을 것"이라며 그저 아이들을 형제자매로 여기고 잘 대접했을 뿐이라고 대답했습니다. 그래서 이 사실은 바깥세상에 알려지지 않았지요.

인도에 산 유대인들도 "먼저 인도인이고 다음이 유대인"이라는 자세로 평화롭게 공존하며 지역 사회에 공헌했습니다. 자선 사업을 크게 펼친 가문도 있고 공군 참모총장으로 봉사한 인물이 나올 정도로요. 1948년에 이스라엘이 세워지자 대다수가 인도를 떠났으나 그들 중 상당수는 거기에서도 인도어를 쓰고 인도식 복장으로 살고 있습니다. 2017년 7월에 인도 총리가 이스라엘을 방문했을 때 양국 정상이 맨발로 산책하며 우정을 다진 건 그런 과거를 기억해서였지요.

관용성이나 문화적 통합성과 같은 특성은 인도 전역에서 느낄 수 있습니다. 어려움에 빠진 유대인을 대우한 방식이 보여주듯이요. 물론 10억 명이 넘는 많은 인구 중에는 흠결이 있거나 나쁜 사람이 없지 않아도 하나의 숲으로서의 인도 문명은 분명히 유연한 편입니다. 종교 박해를 피해 인도로 피난했다가 보호를 받으며 번영을 일군 종교 집단은 유대인 말고도 많은데요, 나라 안 최고의 부자를 다수 배출한 배화교도가 그들입니다.

# 걸인이 없는 시크교

오랫동안 인도 총리를 지낸 만모한 싱을 기억하시나요? 양복 정장에 푸른색 터번을 쓴 모습이 눈에 익은데요, 영국의 옥스퍼드대학에서 경제학으로 박사 학위를 받고 교수를 지낸 그는 대국 인도의 사령탑으로 경제 자유화 선언 이후의 전환기를 잘 이끌었지요. 이번에는 정치나 경제 이야기가 아니라 터번을 쓴 외모와 '싱'이라는 이름을 통해 드러나는 전 총리의 종교 시크교에 대해 이야기하겠습니다.

힌두교를 믿는 사람들은 외모를 보고 종교를 판단하기 어려운데요, 시크교를 믿는 사람, 즉 시크들은 한눈에 구별 가능합니다. 수염이나 머리카락을 자르지 않기 때문이지요. 태어나서 한 번도 자르지 않은 긴 머리카락을 상투처럼 틀어 올리고 큰 터번으로 감싼 외모입니다. 해외에서 테러리스트로 오해받는 일이 자주 생기자 면도하거나 머리를 짧게 자른 젊은이가 늘었으나 압도적 다수는 터번을 두르고 긴 수염을 고수하지요.

시크교는 15세기 말 구루 나나크가 창시했습니다. 한 마디로 힌두교와 이슬람교를 절충한 종교지요. 현재 신도 2,500만 명으로 세계에서 아홉 번째로 큰 종교입니다. 서아시아의 이슬람이 인도로 들어오는 경로에 자리한 펀자브 지방에서 일어났는데요, 시크들이 펀자브어를 쓰는 펀자브인으로 기골이 장대하고 피부색이 비교적 하얀 건 그래서입니다. 시크의 약 75퍼센트가 펀자브주에 살고 있지요.

시크교는 이슬람처럼 유일신을 믿고 우상 숭배를 하지 않으며 지하드와 같은 전투 중의 순교를 인정합니다. 힌두교에 속하는 사람처럼 죽으면 화장하고 해탈을 믿고요. 하지만 시크들은 힌두와 달리 카스트 제도를 거부하고 갠지스강을 순례하지 않습니다. 만모한 싱이나 역시 총리를 지낸 구즈랄 싱처럼 모든 이들이 '싱'이라는 같은 성씨인 것이 바로 카스트의 구분이 없다는 뜻이지요. 그래서 약 2,000만 명이 넘는 시크의 성씨가 거의 다 '싱'입니다.

이렇게 독특한 시크들은 크게 세 가지로 사회에 기여하고 있습니다. 첫 번째는 경제적인 측면인데요, 근면하고 역동적인 그들은 걸인이 없는 점을 자랑으로 여깁니다. 무엇이든 열심히 하는 사람들이지요. '시크교 윤리와 자본주의 정신'이라는 책이 나와도 좋을 만큼 자본주의와 친하고요. 총인구에서 시크의 비율은 2퍼센트가량이지만 이들이 내는 세금은 전체의 20퍼센트를 차지합니다.

**시크교를 창시한 구루 나나크**
(17세기 중반, 시애틀 아트 뮤지엄)

시크가 다수를 차지하는 펀자브주의 연평균 주민 소득도 전체 인도 평균 소득의 두 배 이상이고요. 녹색 혁명을 주도한 그들은 농업뿐 아니라 기계공작, 교통 운송, 기타 사업에도 뛰어난 재능을 보입니다. 한때 델리의 택시업은 거의 다 터번을 쓴 시크들이 잡았습니다. 빠르게 부를 축적한 그들은 막강한 구매력을 과시하는데요, 몸집 좋은 그들을 유명 쇼핑몰이나 고급 호텔에서 얼마든지 볼 수 있습니다.

두 번째는 군인인데요, 현재 인도 군인의 20퍼센트를 인구 약 2퍼센트인 시크들이 차지합니다. 이 전통은 영국이 통치할 때부터 이어졌지요. 영국은 순교를 믿는 용감한 시크 군인을 '신체적으로 세상이 만들어낸 가장 훌륭한 종족'이라고 칭송했습니다. 신체 조건이 좋고 상무 정신이 강한 그들을 군인으로 많이 받아들였지요. 제2차 세계대전 중 영국의 산하 인도군의 25퍼센트가 시크들이었습니다. 그렇다고 그들이 지배자 영국을 위해서만 싸운 건 아닙니다. 정의를 중시하는 시크교의 가르침을 따라 반영 운동에 나선 시크도 많았으니까요. 반영 독립운동을 벌이다가 붙잡혀서 죽은 사형수의 77퍼센트, 무기수의 81퍼센트가 시크였습니다.

세 번째는 자선과 봉사입니다. 관용과 사랑을 실천하는 시크 사원, 구루드하라에서는 종교와 지위 고하를 막론하고 찾아온 사람들은 거저 먹여주고 재워주는데요, 특히 배고픈 사람에게 주는

밥 한술의 의미는 아주 큽니다. 예를 들면 뉴델리 중심가의 유명한 시크 사원 방글라사히브에서만 매일 5만~7만 명에게 먹을 걸 제공합니다. 비용은 전부 누군가의 기부로 충당되지요. 전국에 산재한 시크 사원은 모두 이렇게 운영합니다.

물론 시크들은 힘든 시간도 건넜는데요, 한때 무장한 일부 시크들이 펀자브주의 독립을 주장할 때였습니다. 더는 사태를 묵과할 수 없는 1984년의 인디라 간디 총리는 군대를 동원하여 시크교 성지이자 시크 테러리스트의 아지트인 황금 사원을 공격했지요. 그 결과로 그는 4개월 뒤에 세 명의 시크 경호원에게 피살되었고요. 피는 피를 불렀습니다. 분노한 힌두들이 델리에서만 수천 명의 시크들을 죽였으니까요.

이후 평온을 되찾은 펀자브주는 활기가 넘치고 시크들의 역동성이 다시 도드라집니다. 최근에는 캐나다와 영국 등 외국으로 이민하는 시크들이 많습니다. 새로운 땅에서도 그들의 활약은 여전한데요, 2016년 영국 총리가 시크들이 근면과 기업가 정신으로 영국 사회에 공헌했다고 공개적으로 인정한 것에서 알 수 있습니다. 그들은 돈 버는 데는 왕도가 없으며 오직 근면과 성실함이 최고라는 사실을 실증합니다.

# 간디의 옷차림은 전략

"옷차림은 전략입니다"라는 신사복 브랜드의 광고 문구가 있습니다. 잘 입어야 성공한다는 뜻인데요, 《남자의 옷차림은 전략》이라는 책도 나온 걸 보면 직장 생활을 하는 남자들에게 옷차림이 중요하다는 걸 알 수 있습니다. 어디 그들뿐이겠어요? 정치인은 표를 얻기 위해, 학생은 취직하기 위해, 연인들은 사랑을 얻기 위해 어떤 옷을 입을지를 고민하지요. 이들은 잘 보이려고 상대가 좋아하는 옷차림을 선택합니다.

여기 잘 입기보다 잘 입지 않는 전략을 택한 한 인도인을 소개합니다. 무엇보다 그는 상대편이 좋아하지 않는 옷차림을 고수했는데요, 윗도리 없이 한 장의 옷감으로 허리만 가린 모습은 초라해도 성자의 풍모가 풍깁니다. 그렇습니다. 간디의 옷차림이지요. 물론 그가 옷이 없어서 이런 차림인 건 아니었습니다. 누가 왜 그렇게 입느냐고 물었다면 간디는 아마 이렇게 대답했을지도 모릅니다.

"옷차림은 전략입니다!"

**마하트마 간디(1931년)**

1931년 11월 간디는 영국 런던에 있는 버킹엄 궁전을 방문했습니다. 인도의 지배국 영국의 왕 조지 5세와 차 한 잔을 들기로 예정되었지요. 영국에게 반대하는 인도 민족 운동의 대표로서인데요, 인도에서 간디가 이끈 소금 행진의 여파로 정세가 불안하게 돌아가자 영국 정부가 그와 협상하려고 불렀습니다. 간디는 그 자리에도 남루한 옷차림으로 등장했지요.

영국 왕은 간디의 차림을 보고 불쾌해했습니다. 사진이나 영화에서 영국 왕의 차림새를 보신 분들은 온몸을 감싼 위엄 있는 왕의 모습을 기억하실 텐데요, 각종 훈장과 보석으로 한껏 멋을 낸 왕은 간디가 허리 아래만 가린 옷(도티)을 입고 그 위에 누덕누덕 기운 숄을 걸치고 나타나자 공개적으로 불만을 나타냈습니다. 특히 종아리를 드러낸 모습이 마땅치 않았지요.

간디는 독립 투쟁자의 외양이 아니었습니다. 그래도 거기에 모인 영국 신사들은 그런 차림의 간디에게 위축되었지요. 잘 차려입은 사람들이 거의 입지 않은 사람에게 심리적으로 눌린 겁니다. 1930년대 초반에 말이지요. 공개 석상에서 분개한 영국 왕과 달리 간디는 여유로웠습니다. 그 모습을 지켜본 한 인도인이 친한 영국 왕세자에게 속삭였지요. "영국이 인도를 잃을 것 같네요." 그의 말은 머지않아 현실이 되었습니다.

그날 영국 왕이 간디의 옷차림이 무례하다고 골을 냈기 때문에 분위기가 서먹해져서 모임은 짧게 끝났는데요, '적과의 티타임'을 끝내고 버킹엄 궁전을 나서는 간디에게 기자들이 몰려들었습니다. 누군가 "간디 씨, 지극히 단순하고, 그래서 무례해 보이는 당신의 드레스 코드에 대해 한 말씀 해주시겠어요?"라고 물었지요. 간디의 대답은 옷차림보다 더 간단했고요.

"왕이 내 몫까지 입지 않았나요?"

간디의 말에는 여러 정치적 메시지가 숨어 있습니다. 첫 번째, 왕의 화려한 옷차림은 영국이 인도에서 빼앗아간 부와 재물로 만들어졌다는 비판이었지요. 반면에 영국에게 수세 기간 수탈당한 인도인은 자신처럼 허름하게 입을 수밖에 없다는 뜻이고요. 간디의 초라한 옷차림은 가난한 농민의 모습인데요, 영국에 유학하고 법률을 공부하여 '영국 신사'가 되어 귀국한 그가 양복을 벗어 던진 건 그런 농민들의 아픔을 분담한다는 의미였지요.

두 번째, 그날 버킹엄 궁전에 갈 때 간디가 몸에 두른 해진 숄은 영국에 반대한다고 붙잡혀 갇힌 감옥에서 간디 자신이 물레를 돌려 만든 실로 짠 옷감이었습니다. 손으로 짠 옷감, 즉 '카디'였지요. 그건 인도에 대량으로 수출되어 인도인을 가난하게 만든 영국의 방직 산업으로부터 독립을 상징했습니다. 간디는 스와데시(국산품 애용) 운동이 스와라지(자치)의 정신인 걸 보여주려고 그런 옷차림을 지켰지요.

세 번째, 간디의 복장은 자기 문화에 대한 자긍심을 드러냅니다. 양복은 영국의 옷차림이니 영국에 반대하면서 그들의 양복을 입을 수 없다는 건데요, 간디가 추운 런던의 거리를 걸어가자 영국 아이들이 물었지요. "간디 씨, 바지는 어디에 있나요?"라고요. 종아리를 드러내고 맨발에 샌들을 신은 그의 행색이 아이들의 눈에는 이상했거든요. 하지만 간디는 당당했지요. 그때부터 많은 영국인이 그런 간디를 지지했습니다. 간디의 전략이 성공한 겁니다.

그러면 대영 제국에 작은 구멍을 낸 간디의 옷차림은 오늘날 인도에서 사라졌을까요? 독립하고 70년이 한참 지난 지금도 정치인들이 그 차림을 이어가고 있습니다. 대통령과 총리 등 정치인들은 거의 다 양복을 입지 않는데요, 목면이나 손으로 짠 거친 천으로 만든 옷을 입습니다. 전통 복장을 선호하는 유권자들이 양복을 입은 정치인에게 거리감을 느끼기 때문이지요. 한 표가 절실한 정치인들은 되도록 검소하게 보이려고, 영국 신사처럼 보이지 않으려고 노력합니다. 그것이 그들의 전략이지요. 성공하려고 잘 차려입는 다른 나라와 달리 되도록 잘 입지 않는 인도 정치인들의 전략은 앞으로도 한동안 계속될 겁니다.

# 어제와 내일은
## 같은 날

여러분은 한 해의 시작을 언제라고 생각하시나요? 당연히 양력으로 1월 1일이라고 답하겠지요. 그 끝은 12월 31일이라 여기고요. 많은 사람이 연말이면 1년을 결산하고, 12월 31일과 조금도 다르지 않은 1월 1일을 새해로 큰 의미를 부여합니다. 제야에 퍼지는 종소리를 들으며 한 해가 저물고 새해가 왔다고 실감하는 분들도 많을 테고요.

제가 공부한 인도에서는 지금도 양력 1월 1일에 모든 관공서가 근무합니다. 우체국도 문을 열고, 겨울 방학을 맞은 대학도 학사 행정을 진행합니다. 1991년 경제 자유화를 채택한 이후에는 글로벌 문화가 들어오면서 크리스마스와 연말연시를 축하하는 새 풍속이 생겨났지만요. 하지만 지금도 대다수 인도인은 새해를 힌두 달력으로 9월이나 10월에 오는 '디왈리'라고 여깁니다.

서구의 강대국 영국의 지배를 약 200년이나 받은 인도가 그들의 시간 개념을 따르지 않은 건 경이롭습니다. 영국인이 서구의 시간관을 강제하려고 그렇게 애를 썼는데도요. 영국이 나태한 국민이 산다고 여긴 인도에 알려준 근대 서구의 시간관은 노동과 삶을 하나의 기준으로 만들었습니다. 즉 해年와 달月, 시와 분초를 쪼개어 낭비 없이 아껴 쓰는 것이 미덕이었지요. 시간은 돈이라거나 시간은 금이라고 가르쳤습니다.

측정이 가능한 시간관과 시간을 알려주는 시계를 인도에 소개한 영국은 여러 도시의 중심가에 서구의 근대성을 상징하는 높은 시계탑을 세웠는데요, 시간을 잘 지키고 더 많이, 더 높이, 더 멀리, 쉬지 않고 일하라고 최선의 시간 사용법을 알려주었습니다. 물론 인도인을 위해서가 아니라 지배자인 자신들을 위해서였지요. 인도인이 시간을 쪼개 열심히 일해야 영국으로 가져갈 돈과 재물이 많아지니까요.

푸른 하늘 아래 게으른 인도인이 온종일 누워 있네.
야심에 찬 계획을 비웃으며 청운의 꿈도 없이.

이는 1891년 영국에서 초연된 뮤지컬 〈춤추는 소녀〉의 개막 합창곡의 일부 가사입니다. 이 짧은 글에는 인도인에 대한 경멸감이 가득한데요, 그게 당시 영국인의 입장이었습니다. 근대 문명의 선구자로 자처한 빅토리아 시대 영국인은 행복이 시간순이라고 여겼는데요, 자기들이 다른 나라 사람보다 다섯 배 빨리 여행할 수 있으므로 다섯 배 더 행복하다고 생각했습니다. 찰스 다윈의 진화론을 채용한 당시 사회 진화론의 논리를 따른 그들은 느리고 더딘 인도인이 빠르고 잽싼 영국인의 지배를 받는 것이 마땅하다고 주장했고요.

하지만 시간이 절대적인가요? 사실 '느리다' '빠르다'라는 말은 절대적이 아니라 상대적 개념입니다. 좋은 사람과 있으면 짧게 여겨지는 시간이 미운 사람과 있을 때에는 지루하게 느껴지지요. 더구나 서구의 시간관은 시간을 끊임없이 이어지는 직선적 흐름으로 여기는데요, 과거에서 현재로, 현재에서 미래로 진행되는 시간은 일단 한번 흘러가면 다시 돌아오지 않는다고 생각합니다. 그래서 1분 1초를 아껴 써야 한다고요.

삶의 윤회를 믿는 인도인의 생각은 다릅니다. 시간이 한번 떠났다가 다시 돌아온다고 믿지요. 겨울이 가고 봄이 오는 것처럼, 내년에 1월 1일이 다시 돌아오듯 말입니다. 그래서 그들은 시간의 흐름에 덜 연연해하지요. 지나간 것은 다시 돌아오니까요. 인도인이 근대까지 역사를 기록하지 않은 이유도 그래서인데요, 지배자인 유대-기독교 세계가 다시는 돌아오지 않을 시간에 대해 많은 기록을 남긴 것과 사뭇 달랐습니다.

그 애매하고 모호한 인도인의 시간관이 직선적인 영국의 오랜 통치를 넘어서 살아남았지요. 이 점에서도 문화의 힘이 드러납니다. '보름달이 뜬 뒤' '씨 뿌릴 때' '몇 주 뒤에' '조만간'이라는 표현처럼 시제가 불분명한 표현이 많은데도 그렇습니다. 심지어 힌디어로 내일과 어제는 같은 단어 '깔'이지요. '시테크'를 논하는 발전한 세상, 시간을 생산적으로 써야 한다고 믿는 사람들은 이런 시간관을 가진 인도가 불편하다고 투덜대지만요.

하지만 미국의 사상가 헨리 데이비드 소로의 말처럼 투기꾼처럼 살거나 자연을 파괴하고 무언가를 건설하는 작업이 시간을 잘 썼다는 증거는 아니지 않나요? 요즘 세상에는 생산적이지 않아도 가치 있는 일이 얼마나 많은지요. 대량 생산을 강조하며 시간을 중요시하던 지난 세기와 달리 요즘은 상상력과 창조성이 중요한 세상입니다. 그런 점에서 시간의 개념이 유연한 인도인이 유리한 시대가 온 것이지요.

인도의 대표 수출품이 된 요가와 명상만 보아도 알 수 있습니다. 식민지 시대 지배자의 입장인 영국은 요가와 명상을 생산적이지 않으며 나태한 국민성을 보여준다고 맹렬하게 비난했는데요, 그 요가와 명상이 요즘 서구 세계는 물론 영국에서도 인기를 누리고 있으니 아이러니가 아닐 수 없습니다. 세계 요가의 날도 생겼지요.

사실 요가와 명상은 인도식의 욕망 조절법입니다. 시간 제한 없이 짧게도 길게도 할 수 있는 신축적이고 유연한 건강 프로그램이고요. 그런 점에서 요가와 명상은 힘들여 일했고 그래서 몸과 마음이 조금씩 아픈 현대인을 치유하려고 고대 인도에서 다시 돌아온 모양새입니다. 역시 시간은 상대적이지요. 행복도 그렇고요.

# 호랑이가 사는
# 세상

1988년 서울올림픽의 공식 마스코트인 호돌이를 기억하시나요? 상모를 쓴 귀여운 모습의 호돌이가 언론을 통해 전 세계에 소개되었지요. 하지만 그때도 지금도 우리나라에는 토종 야생 호랑이가 없습니다. 오래전에 멸종되었으니까요. 우리가 오늘날 동물원에서 만나는 호랑이들은 모두 다른 나라에서 왔습니다.

다행히 인도에는 아직도 많은 호랑이가 실제 정글의 왕으로 살아갑니다. 지구상에 남아 있는 호랑이의 약 절반인 2,000여 마리가 인도에 있는데요, 땅이 넓고 밀림이 많은 인도에 야생 호랑이가 사는 것이 당연하지 않냐고 물으신다면 저는 아니라고 하겠습니다.

IT 산업이 나라 경제의 중심인 오늘날의 인도에서 호랑이가 동물의 왕국에서 사는 것은 정부가 많은 공을 들인 덕분이지요. 다른 나라들이 경제 발전을 지상 과제로 여긴 20세기 후반에 인도는 빈곤국으로 불리면서도 경제 발전을 늦추고 호랑이를 지켰습니다. 이번에는 너무 늦기 전에 좋은 결정을 내린 인도의 호랑이 정책을 이야기해볼게요.

호랑이는 검은 줄무늬가 든 황금색 털을 가진 잘생긴 동물입니다. 인도에서도 우리나라처럼 영물로 여겼는데요, 시바 신은 호랑이의 가죽을 깔고 앉아서 명상하고, 두르가 여신은 호랑이를 타고 다니는 모습으로 나타납니다. 호랑이가 나오는 옛날이야기도 많고요. 고대 인더스 문명의 유물에서도 호랑이의 모습이 나왔습니다. 현재 나라를 상징하는 동물인 호랑이는 인도 연방 준비은행의 로고로 쓰이고요.

넓은 인도에는 예로부터 호랑이가 많았습니다. 무굴 제국의 황제들이 호랑이 사냥을 자주 했다는 기록이 남아 있지요. 1,000마리가 넘는 호랑이를 혼자 죽였다고 자랑한 힌두 왕도 있었습니다. 인도를 식민 지배한 근대의 영국인들도 남성성과 용감함을 과시하느라고 호랑이 사냥을 즐겼는데요, 박제된 호랑이를 거실에 두거나 그 가죽을 집 안 바닥에 까는 것이 유행이었지요.

20세기 초반에는 세계적으로 10만 마리의 호랑이가 있었고 그 가운데 4만 마리가 인도에서 살았지요. 하지만 호랑이의 가죽이나 살과 뼈를 약재로 사고파는 사람이 늘면서 그 수가 점점 줄었습니다. 인간의 무지로 돈 몇천 원에 호랑이를 죽이는 일도 많았고요. 1972년의 조사를 보면 당시 인도에는 전 세계 호랑이의 절반인 1,800마리만 남았습니다. 그대로 놓아두면 호랑이는 20세기 말에 멸종될 것이라는 전망이 나왔습니다.

인도 정부는 이듬해인 1973년부터 호랑이 보호 구역을 만들어 멸종을 막았습니다. 호랑이 사냥을 불법화하고 '프로젝트 타이거'라는 보호 정책을 통해 아홉 개의 호랑이 보호 구역을 설정하여 자연 상태로 놓아두었지요. 호랑이에게 안전한 생활 터전을 마련해주는 것이 목표였습니다. 호랑이 보호 구역은 1980년대 15개, 1990년대 말 23개, 2011년에는 53개가 되었는데요, 덕분에 지금도 2,000마리의 호랑이가 인도에서 잘 지내고 있습니다.

물론 반발도 많았지요. 프로젝트를 위해 20만 개의 마을이 이주했으니까요. 호랑이 보호 구역에 살던 주민들은 호랑이보다 인간이 먼저라고 생존권을 주장하며 반대했지요. 당시 인도는 1인당 국민 소득이 140달러(약 20만 원)에 불과한 가난한 나라였습니다. 발전이냐 동물 보호냐, 인간이냐 호랑이냐, 국가 정책의 우선순위를 결정하는 일은 쉽지 않았지요. 그래도 빈곤 퇴치를 국시로 내건 정부는 비용이 많이 드는 호랑이 보호에 찬성했습니다. 무리를 지어 사는 사자와 달리 홀로 사는 호랑이가 멸종될 위험성이 높다는 걸 이해해서였지요.

호랑이의 어흥 소리는 1.5킬로미터 밖에서도 들을 수 있답니다. 먹이 피라미드의 꼭대기에 있는 호랑이가 그 소리를 낸다는 건 생태계가 제대로 작동된다는 신호이지요. 그건 한 번에 약 40킬로그램의 고기를 먹는 호랑이들의 정글에 늑대와 자칼, 표범과 하이에나, 치타 등 수많은 동물이 살고 있다는 뜻이고요. 다시 말해 호랑이는 자연이 균형을 이루도록 도움을 줍니다.

물론 호랑이는 사람을 잡아먹습니다. 인간도 호랑이에게 위협적이지요. 호랑이와 인간이 공존할 수 있을까요?

2012년 아카데미 감독상을 받은 영화 〈라이프 오브 파이〉는 얀 마르텔의 소설이 바탕인데요, 벵골 호랑이와 인도 소년 파이가 대서양에서 난파된 뒤에 구명정에서 227일간 함께 생존하는 내용입니다. 영화처럼 호랑이와 인간이 한 공간에 살 수는 없지만 호랑이가 살 수 있는 지구가 인간이 살기에도 좋은 건 분명하지요.

사실 호랑이 프로젝트는 돈이 많이 들고 관리가 어렵습니다. 만약 인도가 경제 발전을 어느 정도 이룬 뒤에 호랑이를 보호하려고 했다면 어떻게 되었을까요? 아마도 벵골 호랑이는 지금쯤 멸종되었을 겁니다. 정책의 타이밍이 주효했지요. 나아가 최고 법원은 호랑이 사파리까지 금지했습니다. 외국인들의 수요가 많은 관광업계가 거세게 반대했지만 정부 입장은 확고했지요. 호랑이 보호가 생태 보호라고요.

그래서 우리가 주목할 것은 호랑이가 아니라 호랑이가 살 수 있는 환경입니다. 지난 세기에 우리는 발전이라는 이름으로 지구상의 많은 걸 잃었는데요, 그 결과가 환경 파괴와 기후 변화라는 부메랑으로 돌아오고 있습니다. 이제라도 자연을 보호하고 보전하는 데 관심을 쏟는 건 다행이지만요. 애벌레에서 호랑이까지, 많은 생물이 살 수 있는 세상이 인간에게도 좋은 세상인 건 부정할 수 없습니다.

# 행운의 숫자 9

누구나 좋아하는 숫자가 있습니다. 문화권도 마찬가지지요. 우리
나라에서 4자가 죽을 사死자를 연상시킨다고 피하는 것처럼, 문화
권마다 좋아하고 싫어하는 숫자가 있는데요, 어떤 숫자를 특별히
좋아하는 건 그것이 행운을 준다는 믿음과 관련합니다. 정말 그런
지는 알 수 없으나 험한 세상에서 이런 작은 희망을 붙잡고 살아가
는 걸 나무랄 수는 없겠지요. 그렇다면 아라비아 숫자를 발견한 인
도에서는 어떤 숫자가 선호되고, 그 이유는 무엇일까요?

요즘에는 우리 모두 숫자를 달고 삽니다. 자동차 번호판이나
휴대 전화의 번호가 그런데요, 지난 몇 년간 자동차가 급증한 인도
에서는 행운의 숫자가 들어간 번호판이 인기입니다. 많은 돈을 주
고 그 번호를 사는 사람도 많고요. 웃돈을 얹어서 팔리는 번호판에
는 2340, 6030, 5400이 들어갑니다. 눈치채셨나요?

네, 그렇습니다. 인도인이 가장 좋아하는 숫자는 9입니다.
2340(2+3+4+0=9)이나 5400(5+4+0+0=9)의 숫자를 다 더하면 9가 나

오기 때문에 선호되지요. 그래서 가장 비싼 번호판은 9가 겹치는 9999(9×4=36/3+6=9)이고요. 국회 의원이나 고관대작 들이 애용하기 때문에 이런 번호들은 VIP 번호라고 불립니다. 일반인이 이 번호를 가지려면 많게는 10만 루피(약 170만 원)까지 내야 하지요.

인도인이 9를 좋아하는 이유 중의 하나는 부의 여신 락슈미가 9와 함께한다고 믿기 때문입니다. 역시 돈이 중심이지요? 9가 3의 제곱수로 완벽한 수(3+3+3)이자 십진법에서 한 자리로 적을 수 있는 가장 큰 수라는 점도 선호의 이유로 꼽힙니다. 고대부터 9는 창조의 신 브라마의 수라고 여겼는데요, 힌두교 경전을 인용해보지요. 9×1=9, 9×2=18의 1+8을 더하면 9가 됩니다. 9×3=27의 2와 7을 더하거나 9×7=63의 6과 3을 더해도 9가 되고요. 9×12인 108(1+0+8=9)이나 9×38=342(3+4+2=9)처럼 9를 곱한 수는 다 그렇습니다. 신비하지요?

인도에서 99나 9999가 인기인 이유가 그래서입니다. 인도에서 탄생한 힌두교, 자이나교, 불교에서 108(1+0+8=9)을 많이 쓰는 것도 같은 이유지요. 당연히 인도 문화에는 9가 많이 들어갑니다. 태초에 어머니 신이 악마와 9일 동안 싸워서 이긴 뒤에 세상을 낳았다는 신화부터 신에 대한 찬가 아홉 개, 신을 기억하는 방법 아홉 가지, 신에 대한 공양법 아홉 가지, 고전 무용의 미적 표현 아홉 가지, 건축술 아홉 가지 등 아주 많지요.

인도인의 정신세계에 중요한 역할을 한 아홉 개의 보석도 있습니다. 다이아몬드, 루비, 에메랄드, 노란 사파이어, 가넷, 블루 사파이어, 진주, 토파즈, 호안석인데요,《베다》에 나오는 태양계를 상징합니다. 3,000년 전부터 신성한 보석이 복을 주고 악을 막는다고 믿은 인도인은 아홉 개의 다른 보석이 박힌 목걸이와 반지를 최고의 장신구로 여겼습니다.

이번에는 아홉 개 보석이라는 개념을 창조적으로 이용한 황제를 소개하지요. 바로 보석과 같은 뛰어난 인물 아홉 명을 조정에 두고 태평성대를 누린 지배자들입니다. 무굴 제국의 악바르 황제와 그보다 앞선 굽타 왕조의 찬드라굽타 2세인데요, 두 황제는 시인, 학자, 역사가, 조세 전문가, 음악가 등 다양한 분야의 전문가 아홉 명을 등용하여 치세에 필요한 지혜와 영감을 얻었습니다. 그래서인지 찬드라굽타 2세의 시대는 힌두 문화의 황금기로 불렸고 악바르 시대의 무굴 제국도 세계에서 가장 부유한 나라였습니다.

'아홉 명의 보석'으로 불린 인물들도 역사에 이름을 남겼지요. 최고의 시인 칼리다사가 찬드라굽타 2세 때 활약했고 인도 최고의 음악가로 불리는 탄센이 신의 경지에 달한 때가 악바르 시대였습니다. 두 황제는 이들 '보석'의 조언을 받으며 국가 번영을 이루었고 두 보석은 황제의 보호와 후원을 받으며 재능을 꽃피웠지요.

그런데 왜 아홉 명이었을까요? 앞에서 말한 것처럼 9는 한 자리 숫자 중에서 가장 큽니다. 그리스의 수학자 피타고라스는 9를 10에서 하나가 부족한 불운의 숫자라고 여겼지만 인도인은 9를 완성, 완벽함으로 생각했지요. '아홉 개의 보석'은 다양한 것을 인정하는 인도 문명의 본질과 연결됩니다. 보석 하나도 귀한데 다른 빛깔과 다른 기운을 내는 보석을 아홉 개나 모아놓을 때의 힘과 그 시너지를 알았던 것이지요.

그래서 악바르 황제와 찬드라굽타 2세는 종교와 분야가 다른 인재 아홉 명을 채용했습니다. 힌두 황제인 찬드라굽타 2세의 궁정에는 자이나교 학자와 불교의 전문가 들이 자유롭게 의견을 개진했고 이슬람교도 악바르가 총애한 아홉 명의 인간 보석 중에는 네 명의 힌두가 들어갔지요. 두 황제의 9는 다양성을 넘어서 관용을 은유했습니다.

얼마 전에 인도의 한 지방 정부에서 아홉 명의 유망주를 선발하여 보석과 같은 인재로 키운다는 뉴스가 나왔는데요, 예술, 사회봉사 등에서 다양한 인물을 뽑았습니다. 사실 기관이나 조직을 이끄는 리더들은 자신과 생각이 비슷한 사람이나 자신이 좋아하는 사람을 가까이 둡니다. 하지만 내 편만 있다면 완벽해질 수 있을까요? '아홉 명의 보석'이라는 제도를 만든 1,500년 전에 살았던 찬드라굽타 2세의 묘비에는 이렇게 적혀 있습니다.

"완벽함을 이루었다!"

# 총독 부인을 사랑한 총리

"우주를 단 한 사람으로 축소하고 한 사람을 신으로 확대하는 것, 그것이 사랑이다." 이렇게 말한 이는 작가 빅토르 위고였습니다. 맹목이 되는 사랑은 적은 물론 집안의 원수까지 가슴에 품게 만들지요. 우리나라의 호동 왕자와 낙랑 공주, 영국의 로미오와 줄리엣 이야기처럼 말입니다. 해피엔딩의 호동과 낙랑, 비극으로 끝난 로미오와 줄리엣은 모두 물불을 안 가리는 젊은 나이였지요.

하지만 사랑에는 나이가 없습니다. 1947년의 인도에서는 나이 지긋한 상대 진영의 남녀가 사랑에 빠졌는데요, 57세의 국민회의 총재인 네루와 마지막 영국 총독의 부인인 45세의 에드위나였습니다. 우리나라의 독립운동가가 일본 총독의 부인과 사귄다? 소설에서도 상상하기는 어렵지만 정치 풍토가 다른 인도에서는 실화였습니다.

두 사람이 만난 건 1947년 3월 독립하기 5개월 전인데요, 에드위나는 영국 왕의 대리, 즉 총독으로 부임한 남편 마운트 배턴과 함께 인도에 왔습니다. 당시 영국은 인도로부터 철수를 결정했고 평화롭게 정권을 이양하는 것이 마지막 총독의 임무였지요. 배턴은 빅토리아 여왕의 증손자로 당시 영국 왕의 사촌이었고 에드위나의 공식 직함은 백작 부인이었습니다. 오랫동안 독립 투쟁을 벌이며 여러 번 투옥된 네루는 새로 세워질 인도의 첫 총리가 될 인물이었고요.

인도의 미래를 논의하느라 총독 부부와 네루의 공식적 만남이 빈번해졌습니다. 물론 국내 상황은 사랑이 꽃필 만큼 좋지는 않았지요. 영국의 철수가 임박해지자 이슬람 세력이 파키스탄을 따로 세워 독립하겠다고 선언했고, 불안한 미래에 대한 공포와 종교 집단 간의 음모로 무슬림 대 힌두, 시크 대 무슬림 간의 유혈 투쟁이 전개되었습니다. 그 와중에 수십만 명이 목숨을 잃었고 나라 안은 내란의 수준에 다다랐지요.

에드위나는 막중한 임무를 진 남편을 도왔습니다. 많은 회담을 통해 종교 집단 간의 갈등을 조정하는 한편 수용소에서 난민을 돌보았지요. 그러다 만남이 잦아지면서 홀아비인 네루와 총독 부인은 서로 호감을 느낀 것으로 보이는데요, 편지를 주고받으며 우정과 사랑을 키웠습니다. 배턴 총독이 둘의 관계를 금세 눈치챘지만요. 에드위나가 네루에게서 받은 편지를 아무 데나 두었으니까요. 그래도 총독은 두 사람의 관계를 묵과했고, 때로 장려했다고 알려졌습니다. 정권 이양을 잘 마무리하기 위해서요.

파키스탄을 건국하려는 이슬람 세력도 네루와 에드위나의 친밀한 관계를 알아챘습니다. 그들은 두 사람의 친밀한 관계로 영국이 인도에 유리한 결정을 내릴까 봐 노심초사했지요. 그래서 한 이슬람계 인사는 에드위나와 네루가 주고받은 여러 통의 편지를 입수하여 언론에 터트리자고 제안했습니다. 하지만 나중에 파키스탄의 초대 총리가 된 알리 진나가 "우리 그런 저급한 사람은 되지 맙시다"라고 반대하면서 언론 공개는 무위로 돌아갔지요.

결국 인도와 파키스탄은 분단되었는데요, 1947년 8월 15일 영국의 국기가 내려지고 인도와 파키스탄의 국기가 따로 게양되었습니다. 임무를 끝낸 총독 부부는 이듬해 영국으로 돌아갔고요. 두 사람의 사랑이요? 총리가 된 네루와 에드위나는 이후 12년간, 에드위나가 세상을 떠날 때까지 수많은 편지로 관계를 이어갔습니다. 네루는 한때 총리직을 버리고 연인과 영국에서 살려고 마음먹기도 했으나 끝내 그러지는 못했지요.

인도에서는 둘의 관계를 침묵했습니다. 영국에서는 1985년부터 두 사람의 관계를 다룬 TV 시리즈와 책이 나왔으나 인도의 역사가와 관련 직종의 작가들은 그 일을 '다 아는 비밀'로 두었는데요, 네루가 남긴 편지도 공개되지 않았습니다. 2012년에는 에드위나의 딸이 책을 출간했지요. 17세의 나이로 1947년의 두 사람을 지켜본 딸은 네루와 어머니가 깊이 사랑하고 존경했으나 그 이상의 관계는 아니라고 적었습니다.

무릇 사랑에는 어떤 방식이든 상처가 남습니다. 인도와 헤어진 파키스탄에서는 네루가 총독 부인과 친밀해지면서 카슈미르 왕국이 인도로 넘어갔다고 주장하며 분개합니다. 당시 주민 대다수가 무슬림인 카슈미르 왕국의 힌두 왕이 인도 연방을 선택했거든요. 물론 그게 네루와 총독 부인의 관계 때문인지 밝혀진 건 없지만요. 어찌 되었든 갈라진 인도와 파키스탄은 카슈미르의 영유권을 걸고 세 차례 열전을 벌였고 지금도 대립합니다.

사랑은 아름답다고 하지만 두 사람의 관계는 어떤가요? 판단은 다르겠으나 분명한 건 역사의 분수령에서 만난 둘의 사랑이 문화적 특성을 보여주는 점이지요. 정답이 하나가 아닌 인도에서는 모든 게 가능합니다. 역설, 모순, 안티테제까지 받아들이지요. 영국에서 유학한 합리주의자 네루는 자신의 정체성을 동양과 서양의 혼합체라고 인정했는데요, 어떤 학자는 네루를 '인도를 통치한 마지막 영국인'이라고 불렀습니다. 그런 네루가 총독 부인을 사랑한 건 조금도 이상한 일이 아니었지요.

# 4장

# 갠지스강처럼 구불구불,
# 역사에서 배우다

No one can change the direction of the wind,
but one can adjust the sails to reach the destination.

**바람의 방향을 바꾸지는 못해도
목적지에 닿도록 돛대를 조정할 수는 있다.**

- 〈라마야나〉

# 2,000년 만에 나타난 대왕 ①

인도 북부를 이슬람 세력이 통치할 때였습니다. 투글루크 왕조의 술탄 피로즈 샤는 사냥하다가 델리 북쪽의 정글에서 거대한 석주를 발견했는데요, 높이가 15미터, 무게가 50톤이 나가는 엄청난 크기였습니다. 술탄은 석주를 수도 델리로 옮겼지요. 8,400명의 인부가 동원된 엄청난 수송 작전이었습니다. 석주는 새로 지어진 장방형 3층 건물 위에 높이 세워졌지요. 너른 평원에 하늘에 닿을 듯 우뚝 솟은 석주는 술탄의 힘을 과시했습니다.

석주의 표면에는 글자가 새겨져 있었지만 나라 안에 그걸 읽을 수 있는 사람은 한 명도 없었지요. 술탄은 학식이 높은 힌두 브라만들을 왕궁으로 불러서 비문을 해독하라고 시켰습니다. 며칠이 지나도 해독할 수 없자 그중 한 명이 꾀를 내었습니다. "폐하, 여기에는 '피로즈 샤 황제 외에는 그 누구도 이 석주를 옮길 수 없다'라고 적혀 있습니다"라고요.

그렇게 그때는 넘어갔지만 석주의 비밀은 오랫동안 풀리지 않았습니다. 누가, 언제, 왜 그렇게 거대한 석주를 정글 속에 세웠는지 알 수 없었지요. 지나간 날에 무심한 문화답게요. 그 석주를 다시 문헌에 언급한 사람은 300여 년이 지난 1616년 당시 무굴 제국을 방문한 영국인 코르야트였습니다. 폐허가 된 왕궁터에서 석주를 목격한 그는 알렉산더가 만든 승리의 탑이라고 추측했지요. 물론 그의 추론은 틀렸습니다. 알렉산더는 인더스강을 넘어 인도 대륙에 들어오지도 못했으니까요.

아무튼 지금도 델리에 서 있는 석주는 붉은색이 도는 한 덩어리의 사암을 원기둥으로 다듬고 표면을 유리처럼 연마하여 만들어졌습니다. 멀리서 보면 황금색 구리 기둥으로 보이지만 다가가서 만져보면 반들반들 대리석처럼 매끄러운데요, 그 위에 글자를 새겼습니다. 고대 과학자와 장인 들의 우수한 능력을 알려주지만 1800년대 중반까지 그 석주에 대해 말할 수 있는 자는 넓은 인도 땅에 아무도 없었습니다.

수수께끼를 푼 사람은 영국인이었지요. 무굴 제국이 기울고 새 지배자로 부상한 영국인들은 광대한 영토를 부지런히 돌아다녔습니다. 그러면서 델리의 석주와 비슷한 형태의 석주들을 여러 지역에서 발견했지요. 유사한 문자가 새겨진 넓적 바위도 찾아냈고요. 역사를 신뢰하는 그들은 거기에 새겨진 문자를 해독하려고 무진장 애를 썼는데요, 비문학에 관심을 가진 영국인 장교 프린세프가

1834년에 마침내 석주에 새겨진 문자, 고대의 브라미를 해독하는 데 성공했습니다.

문자가 해독되고 연구가 진행되면서 2,000년 동안 깊이 잠들었던 인도의 고대사가 세상에 알려진 겁니다. 석주를 만든 사람은 마우리아 왕조의 제3대 황제 아소카였지요. 실로 엄청난 발견이었습니다. 그때까지 이슬람 세력이 오기 이전의 역사를 증명할 수 있는 자료는 하나도 없었으니까요. 사상 처음으로 실제 존재한 인물에 대한 기록이 등장했으니 브라미 문자의 해독이야말로 희대의 역사적 발견이었습니다.

하지만 석주에 새겨진 왕의 이름 데바남 피야다시가 불교 문헌 속의 아소카와 동일인이라는 사실은 그로부터 다시 한참 뒤인 1915년에야 드러났는데요, 인도로 구법 여행을 떠난 중국의 승려 법현과 현장의 기록에 언급된 불교 유적지가 발굴되면서였습니다. 이슬람 군대가 파괴한 사르나트(녹야원)에서 아소카와 피야다시를 함께 적은 유물이 나오면서였지요. 이때 발견된 석주의 머리 장식인 네 마리의 사자상이 현재 인도의 국장입니다.

사르나트의 발견으로 인해서 그제야 찬란한 인도의 고대사가 베일을 벗었습니다. 세계사의 대발견이었지만 아직 더 놀라운 역사가 기다렸는데요, 아소카의 시대보다 2,000년 앞선 하라파, 모헨조다로 등의 도시 문명이 인더스강 유역에서 발견되었습니다.

1920년대요. 우리가 아는 인도의 고대사가 겨우 100년 전에 알려진 겁니다.

이후 아소카 황제의 통치 이념과 정책을 새긴 석주와 넓적 바위는 동서남북 전 지역에서 속속 발견되었습니다. 2009년 최근의 발견을 포함하면 지금까지 총 33개나 됩니다. 동쪽으로는 방글라데시, 북쪽으로는 네팔, 서북쪽으로는 아프가니스탄과 파키스탄, 남쪽으로는 마이소르에 이르는 광대한 지역에서 모습을 드러냈는데요, 아소카의 나라가 현재 유럽 영토에 버금가는 대제국이었음을 알려줍니다. 연구자들이 컴퓨터로 추정한 바로는 아직 100여 개의 석주와 암석이 발견되지 않았다고 합니다.

아소카의 시대는 중국을 통일한 진시황의 시대와 비슷합니다. 그리스의 알렉산더는 그보다 약간 앞서 살았고요. 기록을 남기는 걸 좋아한 그리스와 중국에는 천하를 제패한 두 영웅에 대한 기록이 많고 후손들은 그들을 기억하며 역사를 이었습니다. 그리스는 투키디데스와 헤로도토스를, 중국은 사마천이라는 걸출한 역사가를 배출한 나라답게 말이지요.

반면에 역사 전통이 약하고 기록의 생산에 무심한 인도에서는 아소카를 아주 오래전에 잊어버렸는데요, 당연히 인도 원정에 나선 알렉산더나 800년 넘게 함께 거주한 이슬람 세력에 대한 기록도 없습니다. 왜 그럴까요? 인도인은 수억 년 지속되는 광대무변한 우주에서 100년도 살지 못하는 인간의 활동을 적는 일에 관심이 없었습니다. 인도는 이런 점에서도 이름을 남기고 싶어 한 다른 문화권과 판이합니다.

# 2,000년 만에 나타난 대왕 ②

《역사철학 강의》를 쓴 독일의 철학자 G. W. F. 헤겔은 "인도에는 역사가 없다"라고 적었는데요, 여러분이 잘 아는 카를 마르크스도 인도는 "시간의 이빨 속에서 식물처럼 성장"했고 인도에서 역사란 '침입자의 기록'일 뿐 역사라고 할 것이 없다고 내려다보았습니다. 이는 근대 서구, 특히 인도를 지배한 영국의 관점이었지요. 그들은 역사를 가진 사회가 우수하고 역사적 기록이 드물고 구전되는 신화와 전설이 많은 인도가 미개하다는 논리를 폈습니다.

그런 인도에서 아소카 대왕과 그의 제국 마우리아가 2,000년 만에 역사에 이름을 올렸습니다. 20세기 초에 이르러서이니 겨우 100년 전이었지요. 아소카의 제국은 지금의 아프가니스탄에서 방글라데시에 이르는 광대한 영토였습니다. 그의 등장으로 인도 고대사가 서양 고대사와 겨룰 만하다는 사실이 드러났고 영국에서 독립을 기대하는 인도인에게 큰 힘이 되었지요. 헤겔과 마르크스가 그때까지 살았다면 인도 역사를 다르게 평했을까요?

이제 긴 잠에서 깨어난 아소카의 석주와 넓적 바위의 비문을 살펴봅니다. 통일 제국 마우리아를 물려받은 아소카는 이웃 나라를 정복하고 영토를 확장하여 제국의 최대 판도를 이루었습니다. 그가 치른 가장 치열한 정복 전쟁은 동부 지방의 강국 칼링가의 정복인데요, 무려 10만 명의 적군을 죽였습니다. 아소카의 군대도 큰 희생을 치렀지요. 15만 명의 포로를 잡아서 왕궁으로 돌아온 아소카는 승리의 기쁨보다 죄책감에 시달렸습니다. 전쟁의 덧없음을 깨달았지요. 비문에는 이렇게 적혀 있습니다.

"어떤 나라를 정복하려면 필연적으로 사람을 죽이고 포로를 잡아야 한다. 그것이 황제의 깊은 슬픔과 후회가 되었다."

그래서 아소카 대왕은 변합니다. 그의 위대함은 후회만 하지 않고 미래를 바꾸었다는 점에 있습니다. 먼저, 폭력을 버리고 비폭력을 실천합니다. 팽창 정책에서 평화 정책으로 선회한 것이지요. 비문에는 "진정한 정복은 다른 나라를 정복하는 것이 아니라 자신을 정복하고 법(다르마)으로 다른 사람의 마음을 정복하는 것"이라고 적혀 있습니다. 그래서 황제는 전쟁을 포기하고 이웃 나라들과 평화로운 외교 관계를 유지했지요. 피 흘리는 영토 전쟁이 일상이던 2,300년 전에요.

아소카는 '법과 진리'가 승리하는 세상을 만들기 위해 스스로 불살생을 가르치는 불교로 개종했습니다. 대제국에 사는 서로 다른 민족을 잘 다스리기 위해서는 카스트 제도를 가진 불평등한 힌두교보다 불교의 평등사상이 필요해서였는데요, 본인이 불교로 개종했어도 백성에게 개종을 강요하지는 않았지요. 이후 아소카는 불교의 전파에 힘썼고 불교가 세계적인 종교가 되도록 기초를 닦았습니다.

비문에서 드러나는 아소카 황제는 백성을 사랑하는 걸 법이자 진리로 여겼습니다. 백성을 자식으로 여기고 모든 부모처럼 자식인 백성들이 물질적으로나 정신적으로 잘 살기를 바랐는데요, 그들이 어디에 살든 무엇을 하든 모두 평등하게 대했습니다. 관용과 온정에 기초한 정책을 폈고요. 군대와 관리를 줄이고 백성의 복지를 확대했습니다. 거리에 나무를 심고 우물을 팠으며 병원을 지었고요. 가난한 사람에게는 집을 주었습니다.

아소카에게는 그렇게 백성들의 복지가 우선이었지요. 그들의 생활을 살피려고 우리나라의 암행어사처럼 전국을 돌아다녔는데요, 억울한 사람이나 부당한 법 집행이 없는지에 유의했습니다. 낙후한 지방의 발전에 관심을 두었고 지방 관리들과 관련 주제로 토론을 즐겼지요. 덕분에 제국은 나날이 커졌고 백성은 태평성대를 누렸습니다. 황제가 '고통도 없고 슬픔도 없다'라는 뜻의 아소카로 불린 이유입니다. 그는 동물도 사랑했습니다. 스스로 육식을 삼가고 동물을 희생하는 제사를 없앴지요. 좋아하던 사냥도 그만두었고요. 식용을 위해 동물을 도살하는 행위도 금지했습니다. 그 결과로 석주와 넓적 바위에 황제의 칙령을 새길 무렵의 황실 수라간에는 겨우 두 마리의 공작과 한 마리의 사슴만 남게 되었습니다. 채식주의가 널리 퍼지게 된 것이 이때부터였지요.

그러면 문자가 새겨진 석주와 넓적 바위는 왜 나왔을까요?

영토가 넓어서 백성을 만나기가 여의치 않자 국가의 정책을 새긴 석주와 넓적 바위를 주요 지방에 세워서 누구나 볼 수 있게 하려는 뜻에서였지요. 그러면서 황제는 백성들에게 친절하고 진실한 사람이 되라는 부탁과 부모에게 순종하고 노예와 하인에게 자비를 베풀라는 당부의 말을 넣었습니다. 백성들이 이해하도록 산스크리트어가 아니라 시장의 언어 프라크리트어로 쓰는 것도 잊지 않았고요.

지금도 아소카는 인도가 낳은 최고의 지도자로 여겨집니다. 강대국의 지배자라서가 아니라 다문화와 여러 종교를 이해하는 관용 정책과 백성의 안녕에 우선권을 두는 지도자였기 때문인데요, 비폭력을 실천하고 살아 있는 생명을 모두 존중한 그는 고대의 위인인 붓다처럼 자신이 가진 걸 버렸고, 근대의 간디처럼 보통 사람의 정신에 호소했지요. 한 마디로, 2,300년 전의 아소카는 21세기에도 통하는 인물이었습니다.

# 최고의 성군,
# 비크라마디티야

서기 2022년은 단군 기원으로 4355년입니다. 인도 기원으로는 4월 13일에 시작되는 올해(2022년)가 2079년이고요. 기원전 57년 중부 지방 우쟌에 있는 비크라마디티야 왕이 이민족 샤카(스키타이)를 축출한 해가 기점인데요, 그의 이름을 붙여 비크라미 삼와트 year라고 부르지요. 지금도 모든 힌두 축제는 음력 중심의 비크라미 달력을 따릅니다. 모든 것이 복수인 인도에서는 지역에 따라 힌두력이 조금씩 차이가 나지만요.

인도식 연도 시스템의 기원인 비크라마디티야는 인도에서 가장 훌륭한 왕으로 꼽힙니다. 용맹을 뜻하는 비크람과 태양이라는 의미의 아디티야가 합쳐진 이름으로 짐작되는데요, 지난 2,000년 동안 수많은 전설과 민화를 통해 이상적인 지도자로, 모든 왕이 닮고 싶은 모델로 여겨졌습니다. 후대에 그의 이름을 붙인 왕이 여러 명 나왔을 정도로요.

물론 비크라마디티야는 역사성이 부족합니다. 이슬람 세력이 오기 전까지는 역사 기록이 많지 않아서 그의 존재는 주로 전설과 전설을 모은 문집에서 드러나지요. 그 가운데 성군 비크람의 일화 25편을 묶은 문집과 32편을 담은 설화집이 유명합니다. 그 이야기 들이 널리 퍼져 더 많은 버전이 생겼고 오늘날에도 영화와 드라마, 만화로 재생산되지요. 우리나라로 치면 비크람 왕은 《삼국유사》의 김수로왕과 비슷합니다. 역사와 전설, 사실과 허구가 혼합된 인물 로서요. 이번에는 12세기부터 전해지는 32개 일화가 실린 설화집 을 소개하겠습니다.

중부 지방의 왕 보쟈가 사냥하다가 자기보다 수 세기 먼저 살 았던 비크람의 왕좌를 발견합니다. 32명의 아름다운 여인상이 부 조된 황금 의자인데요, 보쟈 왕이 왕궁으로 가져온 의자에 앉으려 는 순간에 조각된 여인상 중 한 명이 사람으로 변하여 묻습니다. "이건 위대한 비크람 왕의 왕좌입니다. 전하께서는 여기에 앉을 자 격이 있으신가요?"라고요. 보쟈 왕은 "아니다"라고 답하고는 위대 한 비크람을 알려달라고 청합니다. 여인은 비크라마디티야의 지혜 로움이 담긴 일화를 들려주지요.

이야기가 끝나고 보쟈가 다시 의자에 앉으려 하자 또 다른 조 각상이 사람으로 현신하여 질문합니다. "이건 위대한 비크람 왕의 왕좌입니다. 여기에 앉을 자격이 있으신가요?"라고요. 잠시 자문한 보쟈 왕은 자신이 성군의 자격을 갖추지 못했다고 답하곤 비크람의 위대함에 대해 더 말해달라고 부탁합니다. 이런 식으로 32개 조각상의 여인들은 차례로 보쟈 왕에게 비크람의 지혜와 용기, 겸손과 관용이 드러나는 일화를 들려주지요. 그중 하나를 소개합니다.

비크람 왕이 왕실 사원을 지으려고 좋은 터를 알아보라고 지시하자 전국에서 명당 찾기가 시작되었는데요, 찾아낸 최고의 명당에는 가난한 여인의 오두막이 있었습니다. 여인은 왕의 신하들이 떠나라고 압박하자 죽은 남편과 살던 집에서 여생을 마치겠다고 버텼지요. 그러자 자초지종을 알게 된 비크람 왕이 가난한 이의 유일한 거처를 빼앗을 수 없다고 포기했습니다. 힘 있는 왕이 힘없는 백성을 위해 국가의 대사를 접은 겁니다.

조각상의 여인들이 들려준 32편의 이야기를 통해 드러나는 비크람 왕은 사회적 약자와 만백성을 포용하는 어질고 관대한 왕이었습니다. 어떤 상황에서든 현명하게 대처하는 용맹한 지도자의 면모도 보여주고요.

사실 동서고금의 역사에는 강한 권력을 가졌어도 백성의 사랑과 존경을 받지 못한 지도자들이 많았는데요, 진정한 힘은 타인에게 쓸 수 있는 지혜가 수반될 때 빛난다는 걸 잊어서지요. 그래서 지혜와 용맹, 관대함까지 갖춘 비크라마디티야가 이상적인 지도자이자 최고의 왕으로 일컬어졌습니다.

그렇다면 32명의 여인에게서 비크람 왕의 일화를 들은 보쟈 왕은 어찌 되었을까요? 그는 결국 황금 의자에 앉았습니다. 비크람의 왕좌에 앉을 자격이 충분하다고 여겨져서지요. 무엇보다 스스로 왕의 자격이 부족하다고 왕좌에 앉기를 30번 넘게 사양한 겸손함이 높이 평가되었습니다. 그의 후일담은 어디서도 찾을 수 없지만 성군 비크라마디티야의 훌륭한 자질을 배운 겸손한 보쟈도 성군이 되었을 겁니다.

지금은 세습 군주제가 거의 다 사라졌으나 능력과 상관없이 자식이 아버지를 이어받는 높고 힘센 자리는 아직 많습니다. 그들이 한 번이라도 "내가 이 자리에 앉을 자격이 있는가?" "나는 과연 적임자인가"라고 자문한다면 어떨까요? 하고 싶다고 다 할 수 있는 건 아니니까요. 선출직이나 임명직의 막중한 책임을 맡은 지도자들도 이런 자문을 통해 자신을 돌아본다면 적임자와 훌륭한 리더로 성장하지 않을까요?

# 사느냐 죽느냐, 라자라자의 선택

"사느냐 죽느냐. 그것이 문제로다!"

셰익스피어의 희곡 〈햄릿〉의 주인공은 이렇게 고민합니다. 이유는 삼촌이 부당하게 왕권을 차지했기 때문이지요. 고민하던 그는 아버지를 독살한 삼촌을 찔러 죽이고 자신도 죽습니다. 이처럼 왕의 자리를 노리는 나이 든 삼촌과 나이 어린 조카 간의 비극은 가상의 이야기는 물론 실제 역사에서 자주 만날 수 있는데요, 애니메이션 《라이언 킹》이나 우리나라 조선 시대의 수양대군과 단종의 슬픈 사연처럼 말이지요. 권력은 둘로 나눌 수 없기에 이들의 이야기는 늘 비극입니다.

하지만 인도에는 이런 비극을 희극으로 바꾼 인물이 있습니다. 남부 지방이 배출한 최고의 지배자로 꼽히는 촐라 왕조의 라자라자인데요, 글자 그대로 '왕 중의 왕'이라는 이름을 가졌습니다. 딱 1,000년 전에 살았지요. 이름에서 드러나듯 라자라자는 업적을 많이 남겼고 세계 문화유산인 대사원을 세웠으며 백성의 존경을 한 몸에 받았습니다. 그래서 북부 델리가 중심인 인도사에서 빠지지 않고 언급되는 남부 출신의 왕입니다.

라자라자는 순탄하게 왕위에 오르지 못했습니다. 아버지의 뒤를 이어 왕이 될 예정인 형이 독살을 당했으니까요. 이에 대한 역사적 기록은 없으나 구비 전통에는 왕권에 눈독을 들인 삼촌 우따마가 범인이라고 지목되지요. 형을 이어서 왕위에 오를 자신이 겪을 위험을 예감한 라자라자는 왕권을 포기하고 삼촌에게 왕좌를 양보하는데요, 살기 위해 악의 세력과 타협했습니다. 32세의 한창나이에요.

그러고는 장군이 되어 왕국의 변경을 누비면서 주변 왕국들과 대적했습니다. 왕위와 왕궁이 있는 수도를 멀리한 그는 영토를 확장하며 장군으로 명성을 떨쳤지요. 인도 역사상 처음으로 바다를 건너서 몰디브 제도와 스리랑카를 정복한 이가 라자라자였습니다. 그의 활약으로 여러 왕국을 병합한 촐라 왕조는 제국으로 성장했는데요, 흥미롭게도 라자라자는 자신이 거둔 군사적 업적을 모두 다 기록으로 남겼습니다. 본격적인 역사서는 아니지만요. 그때까지 왕과 왕국에 대한 기록이 전혀 없는 남부 지방에서 그가 동판과 암석에 새긴 기록은 획기적이었습니다. 공식적으로는 자신이 왕이어야 하지만 실제로는 삼촌이 왕인 현실에서 진실을 알리는 기록이 필요했던 걸까요? 그 덕에 역사가들은 라자라자의 기록과 초상,

그의 모습이 새겨진 조각을 통해 당대에 대해 많은 걸 알게 되었습니다. 조금만 길게 본다면 그가 진정한 승자이지요.

세월은 어디서든 어찌 되었든 흘러갑니다. 라자라자가 장군으로 변경에서 보낸 지 15년이 지난 1000년에 왕위에 있던 삼촌이 죽었습니다. 삼촌이 죽을 때까지만 왕위를 양보하기로 타협했던 라자라자는 그제야 진정한 왕이 되었지요. 15년이라는 적지 않은 시간을 기다린 그는 어언 47세의 중년이 되었는데요, 세상에 늦은 시간이란 없지요. 라자라자는 삼촌의 아들을 재상으로 삼아 비극을 해피엔딩으로 만들었습니다. 왕위를 되찾은 그는 100만 상비군으로 남부 지방을 통일하며 촐라 왕국을 제국으로 키웠습니다.

시바 신을 숭배한 라자라자는 대사원, 브리하드이슈와라 힌두교 사원을 세운 왕으로도 유명합니다. 그가 삼촌에게서 왕위를 되찾고 10년이 지난 1010년에 완공한 대사원은 지금 세계 문화유산으로 많은 방문자를 맞이하는데요, 66미터 높이의 탑 위에 있는 한 개의 돌로 만든 80톤 돔(시바 링감), 하나의 화강암을 깎은 25톤의 황소(난디) 상은 당시의 뛰어난 기술력과 재정적인 능력을 증명합니다.

이 모든 건 그리스 신화적 비극을 피해 라자라자가 왕권을 삼촌에게 양보한 결과였지요. 자신의 경험을 뼈아프게 절감한 그는 죽기 전에 몇 년간 아들에게 대리청정을 시켜서 후계자의 위상을

단단하게 다졌습니다. 왕이 된 아들 라젠드라는 촐라 왕조의 최전
성기를 이루었지요. 인도 역사에서 최초로 해군을 가진 왕으로 기
록되고요. 그때의 촐라 왕조는 북으로는 갠지스강 유역, 바다를 건
너서는 동남아에 이르는 넓은 지역에서 존재를 과시했습니다.

제가 열 번 정도 본 애니메이션 《라이언 킹》의 어린 사자 심바
는 성장한 뒤에 삼촌 무파사를 죽이고 왕위를 되찾습니다. 역시 왕
위를 찬탈한 햄릿의 삼촌 클로디어스도 죽임을 당하고요. 사느냐
죽느냐, 선과 악을 이분법으로 인식하는 서양다운 결말인데요, 인
도에서는 선이 반드시 이기지 않습니다. 때로 악을 인정하고 공간
을 내주지요. 세상에는 두 개의 답만 있는 게 아니라 다양한 스펙트
럼이 있다고 전제합니다. 다 가질 수 없다면 절반이라도 가져야 한
다, 즉 도덕과 윤리는 상황에 따라 다르다고 여기면서요. 30년의 재
임 기간 중 15년을 삼촌에게 양보한 라자라자 왕이 그런 문화의 산
물입니다. 인도다운가요?

# 누가 세금을 두려워하랴

"세상에서 분명한 것은 단 두 개뿐이다. 하나는 죽음이고 다른 하나는 세금이다."

미국의 벤저민 프랭클린의 말입니다. 이웃 나라 중국에는 "세금이 호랑이보다 무섭다"라는 속담이 있는 걸 보면 동서양 모두 다 세금을 가혹하다고 여긴 걸 알 수 있습니다. 인도에서도 세금은 납세자에게 부담이 컸는데요, 고대 마우리아의 재상 차나캬가 세금 징수는 꿀벌이 꽃에서 꿀을 따듯 과하지 않아야 한다고 조언했을 정도입니다. 약간의 꿀은 꽃에 남겨주어야 한다고요.

파란만장한 인도의 역사는 1200년경부터 이슬람 세력이 침입하여 600년간 지배하는 시대로 접어들었고 또 다른 명목의 세금을 탄생시켰습니다. 지배자의 종교 이슬람을 따르지 않는 백성에게서 징수하는 지즈야, 즉 인두세였지요. 인두, 즉 사람의 머리마다 부과되는 세금인데요, 식구가 많은 사람이 세금을 더 내는 시스템이었습니다. 납세자는 힌두교, 시크교, 불교와 자이나교를 믿는 백성이었지요. 대다수 인구는 힌두 문화권이었습니다만.

지즈야는 오스만 튀르크에서 시작되었는데요, 명목상으로는 이슬람 통치자가 이슬람 이외의 종교를 가진 이교도를 보호해주는 대가였습니다. 이슬람 통치에 대한 이교도의 복종을 의미했고요. 여성과 노약자, 장애인과 병자에게는 세금이 면제되었습니다. 이슬람으로 개종하는 이교도는 지즈야가 면제되고 선물 등의 보상을 받지만 개종하지 않으면 무거운 세금을 내거나 죽음을 감수하는 경우가 많았지요.

유일신을 믿는 이슬람 지배자는 초기에 다수의 힌두교 인구에게 《코란》이냐 죽음이냐를 택일하라고 강요했습니다. 하지만 곧 힌두교 인구가 많고 다양하며 저항적 성향인 점을 고려하여 대안을 내놓았는데요, 그 많은 힌두교 인구가 다 죽음을 선택하면 이슬람 정권의 존립이 위험해지는 점도 고려했습니다. 그래서 개종이냐, 죽음이냐, 세금 납부냐의 세 가지 중에서 선택하는 대안이 나왔지요. 대다수 힌두 농민들은 인두세를 택했고요.

그러므로 인도에서 인두세의 징수는 세수입보다 개종이 목적이었습니다. 이슬람을 따르지 않는 이른바 이교도들은 1년에 한 번 은으로 인두세를 냈고, 은을 사는 추가 비용까지 부담했는데요, 그들은 자리를 잡고 앉은 세금 징수인 앞에 서서 "지즈야를 냅니다"라고 외친 뒤에 직접 세금을 바쳤습니다. 세금을 내지 못하면 아내와 딸이 노예로 팔리는 굴욕을 겪어야 했지요. 버티다가 사랑하는 가족과 헤어지지 않으려고 마지막 순간에 이슬람으로 개종하는 사람들이 생겨났습니다.

인두세가 큰 부담인 점은 14세기 초 술탄국의 수도 델리에 거주한 브라만들의 반응으로 짐작할 수 있습니다. 술탄국 초기에 면세 혜택의 특권을 받은 사제 계층 브라만들은 인두세가 부과되자 항의 운동을 벌였습니다. 그들은 여러 날 동안 식음을 전폐하고 항의와 탄원을 계속했지만 술탄의 조치가 변경될 가능성이 없다는 걸 간파했지요. 그러자 아는 것이 힘인 브라만들은 전략을 바꾸어 세 등급의 인두세 중 가장 낮은 등급을 자신들에게 적용해달라고 간청합니다. 결국 그들이 가장 적은 인두세를 냈습니다.

16세기 무굴 제국의 연대기 작가 아불 파즐의 기록을 보면 당시 힌두교 농민들이 세금으로 소출의 3분의 2를 납부했음을 알 수 있는데요, 여기에 이슬람을 믿지 않는다는 이유로 각종 세금이 더해졌습니다. 그들이 편히 살 수 없도록, 심리적으로 위축시켜 이슬람으로 개종하도록 만드는 일종의 압박이었지요. 그래서 이교도 백성에게는 암소와 물소, 염소를 소유했다고 세금을 내게 했고 그 가축에게 풀을 먹이는 데도 또 다른 세금이 매겨졌습니다. 갠지스강이나 힌두교 사원 등의 성지를 순례할 때는 따로 세금이 부과되었고요.

**무굴 제국의 제3대 황제 악바르**
(1600년대, 로스앤젤레스 카운티 미술관)

제가 흥미로운 건 이슬람 신자보다 몇 배 많은 세금을 내면서도 가난한 힌두 농민들이 이슬람으로 개종하지 않은 점입니다. 무굴 제국의 악바르 황제는 그들의 그런 정서를 읽고 인두세와 순례세를 폐지하여 민심을 얻는데요, 종교적 차별을 없애고 믿음의 자유를 인정했습니다. 그가 인도 역사상 가장 위대한 리더로 꼽히는 이유가 여기에 있지요. 인두세와 순례세를 재징수한 그의 증손 아우랑제브 황제가 최악의 지배자로 여겨지는 것처럼요. 결국 전국적으로 반발과 반란을 부른 그의 재징수는 아들 대에 이르러 완전히 폐지되었습니다.

　　여기서 제가 말하고픈 건 이슬람이 나빴다는 것이 아닙니다. 이슬람 지배자들이 종교적 관용이 부족했던 건 사실이지만 유일신을 믿는 중세 시대의 그들로서는 당연하고도 논리적인 귀결이었을 테니까요. 그렇다고 세금이 무섭다고 강조하려는 것도 아니지요. 제가 주목하는 것은 인구의 압도적 다수를 차지하는 가난한 힌두 농민들이 식구 수대로 지즈야를 내고, 때로 세금을 내지 못해 가족이 해체되고 걸인이 되어 길거리에 나앉으면서도 믿음을 바꾸지 않은 점입니다. 무려 400~500년 동안을요.

　　600년이 넘게 정권을 잡은 이슬람 술탄과 뒤를 이은 무굴 제국의 황제가 대규모 강제 개종 정책을 추진하지 않은 이유가 여기에 있습니다. 아니, 못 했지요. 그나마 이슬람으로 개종한 많지 않은 인구는 '칼'의 힘이 아니라 이슬람 신비주의자 수피들의 영향을 받아서 믿음을 바꾼 하층민이었습니다. 수피 성자들은 소박한 신앙생활을 하며 명상과 설교를 소중히 여겼는데요, 그들의 종교 윤리와 명상, 수련법은 비슷한 성향의 힌두 인구에게 호소력을 가졌고 그래서 개종으로 이어졌지요.

인도는 14세기나 21세기인 지금이나 힌두교도라고 분류된 인구가 전체의 80퍼센트를 차지합니다. 600년 이슬람 통치와 200년 영국 지배를 지내고도 말이지요. 비슷한 시기에 이슬람의 지배를 받은 이집트, 이란, 시리아, 중앙아시아 여러 나라가 이슬람 세계로 바뀐 것과 완전히 다른 결과인데요, 인도인은 홍수와 가뭄이 지나가듯 언젠가는 이슬람 지배가 끝날 것이라고 여기며 그 긴 세월을 기다리고 또 기다렸습니다. 오늘을 참고 내일을 기다리는 건 그들이 선수니까요.

인도인의 선택이 옳고 그들의 길고 긴 기다림이 최선이라고 주장하는 건 아닙니다. 다만 여러 목표로 인도를 찾고 인도인을 만나는 사람들은 변심이 쉽지 않은 인도인, 정신적으로나 문화적으로나 굴하지 않는 그들의 문명을 들여다보라고 말하고 싶네요. 눈에 보이는 것이 전부는 아니지요. 돈과 물질이 사람을 움직이는 것도 아니고요.

# 경국지색의
# 파드미니 왕비

'경국지색'이라는 말이 있습니다. 나라를 기울게 할 정도의 미인을 뜻하지요. 이번에는 왕국을 멸망으로 이끈 아름다운 여성을 소개합니다. 메와르 왕국의 파드미니 왕비인데요, 비극이 된 그녀의 이야기를 통해 인도 역사와 문화의 한 자락을 열어보겠습니다. 먼저 당시 정세를 요약하면 이슬람 세력이 델리를 비롯한 북부 지방에 정권을 세운 지 100년이 지났고 라지푸트 부족으로 알려진 힌두 왕국들이 격렬하게 그에 저항할 때였지요.

어느 날 파드미니 왕비를 흠모한 한 남자가 군대를 데리고 메와르 왕국을 공격합니다. 1303년이었는데요, 델리에서 온 술탄 알라딘 할지였습니다. 지상에서 가장 아름답다고 소문난 왕비를 보려고요. 메와르 왕조의 수도 치토르가르성을 포위한 술탄 할지는 여러 차례 왕국을 위협합니다. 하지만 천연 요새로 유명한 치토르가르는 진입이 쉽지 않았습니다. 여러 달 동안 성을 사이에 두고 대치하던 할지는 사신을 메와르의 왕에게 보냈는데요, "왕비의 모습을 한 번만 보여준다면 그냥 물러가겠다"라고요.

할지의 제안을 받은 왕과 신하들은 고민을 거듭했지요. 이슬람의 침입에 용감히 저항했던 힌두 왕의 후손이, 명예를 생명처럼 여기는 라지푸트 왕국이 국모를 오랑캐에게 보일 수는 없었지요. 문제는 왕국의 처지가 바람 앞의 등불인 점이었습니다. 포위된 지 여러 달이 지나서 물과 음식도 바닥을 보였고요. 결국 명분과 실리를 절충한 궁여지책이 나왔습니다. 왕비를 거울에 반사하여 간접적으로 할지에게 보이겠다고요.

홀로 성안으로 들어온 할지는 호수 한가운데 위치한 건물에서 거울에 비친 왕비의 자태를 보았습니다. 왕비는 호숫가에 있는 여름 궁전의 계단에 서 있고요. 이곳에 두 번이나 가본 저의 기억을 보태 설명하면, 할지가 서 있던 방의 벽에는 전신이 드러나는 큰 거울이 45도 각도로 걸려 있고 그 거울로 뒤편 창 너머 여름 궁전의 계단이 보입니다. 하지만 몸을 돌려 직접 창밖을 내다보면 왕비가 서 있던 계단은 보이지 않고 여름 궁전의 지붕만 눈에 들어오지요. 다시 말해 할지는 거울을 통해서만 왕비를 볼 수 있었습니다.

그런데 왕비를 거울로만 본 것이 아쉬워서였을까요? 델리로 돌아간 할지는 전보다 다섯 배 많은 군대를 이끌고 다시 쳐들어왔습니다. 성을 포위한 술탄은 사정없이 공격했는데요, 매일 수천의 라지푸트 군인들이 죽어나갔습니다. 결국 마지막 날이 다가왔지요. 성문이 열리고 할지의 군대가 밀려들어 왔습니다.

파드미니 왕비는 내전의 쪽문을 통해 왕과 군사들이 최후의 일전을 준비하는 걸 보았지요. 왕비는 뜰에 장작을 쌓아 올리고 불을 지피라고 지시했습니다. 왕비가 가장 먼저 불타는 장작더미에 올랐고 그 뒤를 따라 700명의 여인이 차례로 몸을 던졌지요. 이방의 군인에게 욕을 당하느니 명예롭게 죽는 '조하르'라고 부르는 전통을 따랐습니다.

알라딘 할지는 입성하자마자 파드미니 왕비의 처소로 달려갔으나 참혹한 광경만 목격했습니다. 라지푸트 쪽의 이야기는 할지 술탄이 그때 구토를 멈추지 못했다고 전하는데요, 희극은 결합으로 끝나고 비극은 이별로 마무리된다는 말처럼 할지의 잘못된 만남이 비극이 된 순간이었습니다.

목숨보다 명예를 소중하게 여기는 라지푸트의 전통은 고대부터 이어졌지요. 남편이 전쟁터에서 비겁해지지 않기를 바라는 아내도 그 전통을 따랐는데요, 신라와 당나라 연합군을 피해 낙화암에서 뛰어내린 백제 궁녀들의 일화처럼 파드미니 왕비의 영웅담은 수백 년간 민간에서 전승되었습니다. 19세기 후반에는 영국과 맞서 싸운 독립운동가들에게 커다란 영감을 주었고요. 외국인 지배자에게 굴복하지 않은 불굴의 저항 정신과 진정한 용기를 칭송하면서요.

흥미로운 건 약자들의 소심한 복수입니다. 백성들은 왕비의 이야기를 전하면서 할지 술탄을 찌질한 남자로 묘사했습니다. 그 바람에 알라딘 할지는 좋은 평가를 받지 못하는데요, 몽골군을 여러 차례 격퇴하고 영토를 크게 확대한 지배자로서의 치적은 파드미니의 일화에 가려졌습니다. 게다가 이 이야기에는 할지에게 불리한 반전이 숨어 있지요. 그날 술탄이 거울로 바라본 왕비가 가짜인 겁니다. 왕비의 얼굴을 모르는 알라딘 할지에게 진짜 왕비를 보여줄 이유가 없었으니까요.

　미인박명이라는데 미인을 좋아한 영웅호걸의 운명도 좋지 않았습니다. 파드미니 왕비가 떠나고 800년이 지난 지금, 할지 술탄의 후손들은 다 사라졌으나 왕비의 후손들은 예전의 땅에서 지배 세력으로 잘살고 있으니까요. 역시 살아남은 자가 승자입니다.

# 무굴 제국과
# 영국 해적

막대한 현상금이 걸리고 국제 수배령이 내려진 세계 최초의 인물
은 누구일까요? 공식 기록은 아니지만 아마도 영국인 해적 두목 헨
리 에이버리일 겁니다. 무굴 제국의 거대한 선박을 단 하루 만에 약
탈한 인물이지요. 1695년 9월에요. 무굴 황실 소유의 간지 사와이
기함은 인도 서해안 수라트 인근의 해상에서 에이버리의 무자비한
공격을 받았는데요, 무려 600명이 죽고 현재 가치로 수천만 달러
를 빼앗겼습니다. 역대급이었지요.

　이슬람 국가인 무굴 제국은 아랍의 메카를 순례하는 신자들
을 수송하는 여객선을 아라비아해에 띄웠습니다. 그 선단에는 수
십 척의 무역선이 동행했지요. 모든 것이 다 나는 광대한 인도와 중
동 지방을 오가는 무역선은 수익이 많았고, 대개 무굴 황실이 소유
했습니다. 메카에서 순례객을 싣고 귀국하다가 에이버리에게 털린
'무진장 보물'이라는 뜻의 무역선 간지 사와이도 황제 일가의 소유
였는데요, 순례객 중에는 보석을 잔뜩 소지한 황실 여인들이 적지

않아서 더 비극적이었습니다.

아우랑제브 황제는 해적의 만행에 분노했지요. 곧바로 영국과 무역 단절을 선언했습니다. 해상 강국의 면모를 다지며 세력을 키우던 영국은 황제의 결단에 깜짝 놀랐는데요, 그도 그럴 것이 당대 인도는 세계 GDP의 4분의 1을 차지할 정도의 경제적 부국이었습니다. 영국은 그런 무굴 제국에 일찍이 동인도 회사 직원 호킨스를 파견했고 그가 황제의 술친구를 몇 년간 한 뒤에야 어렵사리 무역권을 얻었지요. 그런 인도와의 교역을 포기할 수는 없었습니다.

그래서 영국은 즉시 무굴 황제에게 백기를 들었지요. 에이버리가 약탈한 금액 전부를 보상하고 그를 붙잡아 사형에 처하겠다고 약속했습니다. 곧 에이버리에게는 엄청난 금액의 현상금이 걸리고 국제적 수배령이 내려졌는데요, 하지만 카리브해로 도망친 악명 높은 그는 끝내 잡히지 않았습니다. 26명의 해적 중에서 약탈한 보석을 내다 팔다가 잡힌 15명이 재판을 받았고 그 가운데 다섯 명이 교수형을 당한 게 다였지요.

그렇다면 세계적 강국 무굴 제국의 대규모 무역선은 왜 30명도 안 되는 해적에게 쉽게 약탈당했을까요? 거기에는 구조적 문제가 있었습니다. 당시 인도 인근의 해상, 즉 인도양과 아라비아해를 오가는 무역선은 모두 대포를 장착했는데요, 에이버리에게 약탈당한 기함 간지 사와이도 62대의 대포를 소지한 1,600톤급 무장선이었습니다. 수백 톤급의 호위선 여러 척이 뒤따랐고요. 구조적 문제는 그 군인들이 무굴 제국의 소속이 아닌 점이었지요.

무굴인은 중앙아시아에서 말을 타고 인도에 내려와 제국을 세웠습니다. 바다를 모르는 그들은 해군의 중요성을 알지 못했지요. 제국이 들어선 16세기 인도 주변의 해상은 바스쿠 다가마가 항로를 개척한 뒤에 포르투갈이 장악했는데요, 무굴 제국은 무역선과 여객선 등 모든 선박의 호위를 포르투갈에 맡겼습니다. 1612년부터는 포르투갈을 물리치고 해상의 권력을 차지한 영국에게 의존했고요. 그래서인지 간지 사와이를 수호할 책임을 진 영국 군인들은 수적 우세에도 해적과의 전투를 금세 포기했습니다.

아시다시피 인도는 영토의 삼면이 바다입니다. 해안선의 길이가 7,000킬로미터나 되지요. 그래서 고대부터 바다를 통해 해외 무역이 성했고 부를 축적한 왕국이 많았습니다. 남부 지방에는 촐라 왕조 등 해상 강국이 들어섰고요.

그런데 13세기부터 중앙아시아 출신의 이슬람 세력이 지배하면서 바다가 등한시되었습니다. 특히 해상 무역으로 많은 수입을 올린 무굴 황실의 결정이 문제였지요. 해군을 직접 유지하기보다 포르투갈, 이어 영국에게 외주를 주는 쪽이 비용을 절감한다고 여겼습니다.

아우랑제브 치세의 무굴 제국은 부유했습니다. 1억 명이 넘는 인구와 넓은 영토에 많은 자원을 가진 제국은 번영을 누렸고요. 그래서 그들은 바다 건너 세상에서 무슨 일이 일어나는지 국제 정세에 관심이 없었습니다. 멀리 유럽 여러 나라에서 온 동인도 회사가 열 곳이 넘어도 왜 그런지에 관심 없이 모든 관점이 국내에 머물렀고요. 에이버리 해적 일당에게 황실 여인들이 능욕을 당했어도 해적 두목의 처벌을 영국에게 맡길 정도로 국제법에 어두웠습니다.

게다가 바쁜 일과에도 매일 《코란》을 필사한 독실한 아우랑제브 황제는 수십만 대군을 이끌고 힌두 왕국 마라타와 싸우느라고 해상과 그 너머 세상에 정신을 쓸 여력이 없었지요. 그 결과는 치명적이었습니다. 마라타 전쟁을 포기하고 수도로 귀환하다가 황제가 사망한 뒤 딱 50년 만에 영국은 인도 동부에 첫 식민지를 세웠으니까요. 셰익스피어의 어법을 빌리면 이후 무굴 제국은 나날이 시들었고 영국은 나날이 성장했습니다.

# 왕궁보다 전쟁터,
## 무굴 황제들

인도를 대표하는 건축물은 무엇일까요? 바로 타지마할입니다. 무굴 제국의 샤자한 황제가 아내를 위해 흰 대리석으로 만든 아름다운 무덤인데요, 샤자한은 '세계의 황제'라는 칭호에 걸맞게 세계 문화유산으로 지정된 왕궁과 모스크를 세우며 제국의 전성기를 보냈습니다. 하지만 그가 막대한 부와 권력을 흥청망청 누렸을까요? 그건 절반만 진실인데요, 부귀영화를 누린 만큼 리더로서, 지배자로서 힘들게 살았습니다.

다른 무굴 황제도 비슷했지요. 특히 아버지 샤자한을 왕궁에 가두고 정권을 잡은 아우랑제브 황제가 그랬습니다. 역사상 가장 넓고 가장 부유한 제국을 다스린 두 황제는 화려한 왕궁만큼 열대의 벌판에서 전투로 많은 시간을 보냈는데요, 무릇 지배자는 모범을 보이고 성과를 내야 했지요. 그것이 운명이었습니다.

먼저 무굴 제국을 간단히 소개하지요. 중앙아시아에서 쳐들어온 이슬람 세력이 1526년에 세운 나라입니다. 건국 이후 약 200년

동안 영토를 넓히고 부를 축적하여 대제국이 되었지요. 비옥한 갠지스 평원과 풍부한 자원을 바탕으로 세계 GDP 순위에서 1~2위를 차지할 정도로요. 무굴 제국의 부와 번영은 당대 유럽에도 널리 알려졌습니다.

하지만 제국은 하루아침에 이루어지지 않습니다. 개국 초기 만인지상의 무굴 황제들은 하루에 14시간씩 일했는데요, 그래서 3대 황제 악바르가 즉위한 1556년부터 1739년까지 약 200년간 재임한 황제들은 거의 다 통치 기간의 40퍼센트를 들판에서 전투하며 보냈습니다. 군대를 이끌고 1년 이상이 걸리는 원정도 자주 나갔고요. 동부 지방과 서북부 지방을 평정한 뒤에는 주로 중부의 데칸 지방을 원정했습니다.

샤자한 황제는 32년의 재임 기간 중 16년을 힌두 세력과 싸우거나 데칸 지방을 정벌하며 야영했는데요, 덕분에 제국의 영토는 늘어났지만 아내 뭄타즈를 전쟁터에서 잃는 비극을 겪었습니다. 오랜 기간 왕궁을 비우는 황제가 아내를 전쟁터에 데리고 다녔기 때문이지요. 40도가 넘는 무더위는 때로 건강에 치명적이었습니다. 결국 뭄타즈는 데칸 벌판의 천막에서 아이를 낳다가 죽었지요. 상심한 샤자한 황제는 시원한 야무나강 옆에 무덤 타지마할을 만들고 아내를 묻었습니다.

아버지 샤자한을 연금하고 황제가 된 아우랑제브는 더욱 고달

프게 살았는데요, 자신이 배신한 아버지보다 능력 있는 황제가 되어야 했으니까요. 그는 50년이 넘는 통치 기간의 절반 이상을 전쟁터에서 지냈습니다. 그래서 제국의 영토는 사상 최대 판도를 기록했지요. 데칸 지방에 대한 원정이 성공한 결과였습니다. 초기에는 그곳의 이슬람 왕국들을 차례로 정복하며 승승장구했거든요.

하지만 힌두 왕국 마라타와 싸움이 늘어지면서 상황이 꼬였는데요, 황제는 마라타 왕국과 산채를 빼앗고 빼앗기는 전쟁을 26년간 지속했습니다. 데칸고원의 거친 지형에 익숙한 마라타 왕국의 군대가 게릴라 전법으로 무굴 군대를 농락해서였지요. 부강한 제국은 많은 인명과 재물을 상실하면서 점차 기울어갔습니다. 골육상쟁으로 왕권을 잡은 황제는 나이를 먹으며 기도하고 단식하며 《코란》을 베끼는 독실한 이슬람 신자로 변해갔고요.

전쟁이 오래가서 아우랑제브는 수도 델리가 아닌 데칸의 천막에서 제국을 다스렸습니다. 수도를 떠난 무굴 제국의 마라타 원정대는 엄청난 규모였는데요, 50만 대군, 5만 마리 낙타 부대, 3만 마리 코끼리 부대로 구성되었지요. 거기에 수도에 사는 인구 40만 명 중 절반이 따라갔습니다. 왕족과 부족장들은 물론 그들의 가족도 동행했고요. 권력과 사람이 있는 곳으로 상인과 대금업자 들이 모인 건 당연한 귀결이었지요.

상상해보세요. 뜨거운 벌판에 반경 4킬로미터의 임시 수도가 만들어지고 거기에 수백 개의 천막이 들어선 장면을요. 황제의 천막 궁정에는 고급 양탄자가 깔린 집무실과 기록과 재정을 맡은 관리들이 있었습니다. 시장에서는 음식과 의복, 장비 등 세상의 모든 것이 다 있었는데요, 물건을 파는 천막만 200개가 넘었습니다. 그런 임시 수도와 델리, 두 개 수도를 운영하면서 무굴 제국의 재정 상태는 점점 더 악화했지요.

마침내 황제가 전쟁을 접었을 때는 그의 나이 90세였습니다. 너무 늦은 결단이었지요. 황제는 마라타 왕국을 포기하고 델리로 귀환하던 도중에 사망했고 거기에 묻혔습니다. 그렇게 인도 역사상 가장 길었던 전쟁이 막을 내렸지요.

마라타 전쟁은 끝났으나 다른 의미의 전쟁이 무굴 제국을 기다렸습니다. 제국의 통제력이 약해지자 지방 곳곳에서 반란이 일어났거든요. 막대한 전비를 대려고 부과한 인두세와 순례세 등의 종교적 세금이 반대 운동을 촉발했지요. 결국 무굴 제국은 얼마 뒤 여러 왕국이 떨어져 나가면서 영토와 지배력이 크게 줄었습니다.

샤자한과 아우랑제브는 솔선수범한 훌륭한 리더입니다. 군사 작전을 진두지휘하며 영토를 늘려서 무굴 제국의 최대 영토를 이루는 큰 업적을 남겼는데요, 아이러니하게도 무굴 제국이 쇠망한 원인에는 영토가 너무 커서 통치가 어려웠던 점이 들어갑니다. 그렇게 보면 마라타 왕국과의 전쟁을 끝낼 때를 놓친 점이 아쉽습니다. 황제가 적당한 때 수도로 돌아와 내실을 다졌다면 제국의 영화가 지속 가능했을지 모르지요. 야망은 성공의 동력이지만 과하면 실패의 씨앗이 됩니다.

# 슬픈 역사와
# 징용

2001년의 노벨문학상은 카리브해 연안 트리니다드에서 출생하여 영국에서 활동한 작가 비디아다르 네이폴에게 돌아갔습니다. 3년 뒤인 2004년에는 남태평양의 섬나라 피지 공화국의 골프 선수 비제이 싱이 세계 랭킹 1위에 올랐는데요, 문학과 스포츠라는 전혀 다른 영역에서 성공한 두 사람에게는 하나의 공통점이 있습니다. 19세기 말, 영국의 식민지 인도에서 다른 식민지로 이주한 인도인 노동자의 후손이라는 점이지요. 그들의 조상은 어떻게 그 먼 곳으로 떠났을까요? 그건 강제였을까요, 자발적 이주였을까요?

19세기 후반 영국은 해가 지지 않는 나라로 불릴 만큼 세계 각지에 많은 식민지를 보유했습니다. 서인도 제도로 알려진 카리브해 일대는 물론 남아프리카와 말레이시아 등지 열대, 아열대 식민지에서는 사탕수수, 고무, 커피와 차 농장을 경영하며 큰돈을 벌었고요. 아시는 것처럼 대규모 플랜테이션에는 많은 노동력이 필요합니다.

그런데 1830년대부터 큰 문제가 생겼습니다. 1833년 노예제가 공식적으로 폐지되어서였지요. 영국을 비롯한 유럽의 식민국가들은 아프리카계 노예를 대신할 값싼 유색인 노동자들이 시급했는데요, 인도를 지배한 영국은 농촌 지역의 가난한 인도인을 그 대안으로 삼았습니다.

1830년대부터 1920년대까지 약 100년간 19개의 영국 식민지로 이주한 인도인 노동자는 약 120만 명이었습니다. 2017년 유네스코가 세계 기록 유산으로 선정한 인도 국립 문서 보관서의 기록으로는 정확히 119만 4,957명이었고요. 가장 많은 노동자가 간 나라는 사탕수수를 재배한 인도양의 섬나라 모리셔스로, 45만 명이었습니다. 그 뒤를 15만 명이 이주한 남아프리카, 13만 명이 일한 말레이시아가 차지했지요. 앞에 말한 네이폴 작가와 비제이 싱 선수가 태어나 자란 카리브 연안의 나라들과 남태평양 피지의 사탕수수 농장에서도 수만 명의 인도인이 힘든 노동에 종사했습니다.

문제는 그들이 강제로 동원되었는가였습니다. 결론부터 말한다면 합법을 가장한 불법이었는데요, 인도주의적 견지에서 노예제가 폐지된 터라 노동자의 강제 동원이 어렵게 된 영국은 노동자가 자유 의지로 계약했다는 미명으로 인도인을 식민지로 실어 날랐습니다. 다시 말해 5년간의 노동 계약과 원하면 다시 5년간 재계약한다는 합법적 외양을 갖추었지만 인도인 노동자 대다수가 귀국하지 못한 것을 미루어볼 때 계약은 정당하지 않았지요.

가장 큰 이유는 세상 물정을 모르는 당대 인도인이 거의 다 문맹이라서 노동 계약의 내용과 성격을 이해하지 못했고 감언이설이나 속임수에 넘어갔기 때문이었습니다. 영국의 수탈로 19세기 인도에는 기근이 빈번했고 수백만 명이 아사하는 일이 많았는데요, 굶어 죽기보다 살기를 택한 젊은 나이의 농민들은 노동 조건이나 임금을 제대로 알지 못한 채 고향을 떠났습니다. 예를 들어 배를 타고 1주일 걸린다고 알려준 카리브해 연안의 나라들, 즉 트리니다드, 수리남, 자마이카, 가이아나로의 이동은 실제로는 5개월이나 걸렸지요. 화물칸에 실린 노동자의 17퍼센트가 도중에 배에서 사망했습니다.

살아서 도착해도 기다리는 건 지옥과 같아서 사망자가 속출했지요. 피지의 사탕수수 농장에서 일한 노동자는 3평 숙소에 세 명이 거주하면서 새벽부터 일했습니다. 법적으로는 자유노동자였으나 자유는 없었지요. 피지섬에 있던 인도인 노동자의 자살률이 8퍼센트일 정도로 사정이 열악했는데요, 고국과의 연계는 끊어졌고 계약을 어기면 현지 감옥에 가야 했습니다. 작은 섬이라 도망갈 곳도 없었고요. 19개의 식민지로 흩어진 인도인 노동자들은 중노동, 저임금의 5년 계약이 끝나도 귀국 배편이 비싸서 거의 다 잔류하여 재계약을 선택했습니다. 영국이 계약 노동자의 여성 비율을 40퍼센트로 올려서 결혼을 통해 인도 노동자의 정착을 은근히 도모한 점도 영향을 주었지요.

1893년 남아프리카에 변호사로 취직한 간디는 노예 처지인 현지 인도인을 보고 경악했습니다. 그들의 인권을 위한 간디의 20년에 걸친 비폭력 운동으로 남아프리카 정부는 1914년 영국 식민지에서 가장 먼저 인도인 노동자에 대한 억압적 조치를 완화했는데요, 이 부분에서도 간디는 마하트마였습니다. 귀국한 뒤 동료 민족주의자들과 영국을 압박하여 1917년에 계약 노동제를 인도에서 없앴고요. 곧 이 제도는 영국의 모든 식민지에서 폐지되었습니다.

그렇다고 해피엔딩은 아닙니다. 약육강식의 공식적 제국주의는 끝났어도 개인적인 후유증이 남았는데요, 사탕수수 농장 인근에서 태어난 네이폴은 노벨문학상을 받은 뒤에도 정체성으로 고민했습니다. 자신이 트리니다드 사람도 인도인도 아니며 그렇다고 반세기 넘게 거주한 영국인도 아니라고요. 그는 스스로 거처가 없는 사람으로 묘사했습니다. 얼마나 많은 징용자와 그들의 후손이 네이폴과 같은 고통을 겪었을지 짐작할 수 없지요. 한 가지 확실한 건 국가가 망하면 국민의 삶도 속수무책이라는 점입니다.

# 델리에서 열린 ─
# 영국 왕의 대관식 ─

'왕관의 보석'이라는 표현이 있습니다. 왕관도 귀중한데 그걸 장식하는 값나가는 보석이라니. 그래서 가장 가치 있는 걸 지칭할 때 쓰이는 말인데요, 한때 대영 제국의 가장 중요한 식민지였던 인도가 이렇게 불렸습니다. 식민지 시대 인도를 다룬 영국의 인기 드라마의 이름이 될 정도로요. 흥미로운 건 영국 왕실이 소유한 진짜 왕관에 박힌 보석이 거의 다 인도의 소유였다는 점입니다. 찰스 왕의 대관식에서 커밀라 왕비가 쓸 예정이던 아름다운 왕관의 큼직한 다이아몬드도 그렇고요.

그 다이아몬드는 바로 106캐럿의 코이누르입니다. 누구나 아는 이름인데요, 19세기 중반 인도 북부에 있던 시크 왕국의 지배자가 빅토리아 여왕에게 헌납했다고 알려졌지요. 물론 인도의 주장은 다르지만요. 어찌 되었든 코이누르는 빅토리아 사후에는 여성이 쓰는 왕관에만 장식되었습니다. 1901년 즉위한 에드워드 7세의 알렉산드라 왕비, 1910년 조지 5세의 마리 왕비, 1936년 즉위한 조지 6세의 마리 왕비가 대관식에 썼던 왕관인데요, 엘리자베스 여왕의 배우자는 남성이라서 그 왕관을 쓰지 않았고 커밀라 왕비가 오랜만에 왕관을 쓰게 되었으나 인도 등 코이누르와 관련된 국가의 반대를 의식하여 다른 왕관으로 바꾸었습니다.

본디 대관식이란 새로운 왕이 왕관을 써서 왕위에 올랐음을 일반에게 알리는 의식입니다. 영국은 대관식을 늘 런던의 웨스트민스터 사원에서 치렀습니다.

그렇다면 영국이 소유한 많은 식민지에서는 본국에서 새로운 왕이 탄생했다는 걸 어떻게 알렸을까요? 영토가 크고 인구와 자원이 많아서 가장 중요한 영국의 식민지였던 인도에서는 어땠을까요? 결론을 먼저 말하면, 영국은 왕이 바뀔 때마다 인도에서 또 다른 대관식을 화려하게 열었습니다. 가난한 인도인의 주머니를 턴 세금으로요.

시작은 1877년이었습니다. 1년 전인 1876년, 영국의 빅토리아 여왕은 인도의 "백성들이 나의 통치를 받고 행복해하며 내 왕권에 충성하고 있다"라며 스스로 인도 제국의 황제라고 선언했는데요, 이듬해 그 대관식을 델리에서 개최했습니다. 훗날 에드워드 7세가 된 왕세자가 어머니를 대신하여 인도의 대관식에 참석했지요. 이때는 대관식이라는 명칭보다 황제 선포식이라고 부르는 것이 타당했습니다.

주목할 것은 그 장소가 당시 영국령의 수도 콜카타가 아니라 무굴 제국의 수도였던 델리인 점입니다. 무굴 제국의 계승자라는 뜻이었지요. 대관식의 이름도 무굴 제국의 더르바르라는 용어를 빌려 '델리 더르바르'라고 호칭했습니다. 더르바르란 왕이 국사를 의논하고 집행하는 곳, 다시 말해 조선 왕조의 조정이라는 의미인데요, 무굴 황제처럼 화려하게 장식된 코끼리를 타고 등장한 영국 왕세자에게 더르바르에 모인 수백 명의 인도인 왕과 부족장은 충성을 맹세했습니다.

　1901년 빅토리아 여왕을 계승한 에드워드 7세의 대관식도 1903년에 총독의 주관으로 제국의 위용을 한껏 뽐내며 델리에서 열렸지요. 그 뒤를 이어 1910년 왕위에 오른 조지 5세의 대관식은 1911년 12월에 역시 델리에서 벌어졌고요. 이때는 왕과 왕비가 멀리 영국에서 직접 참석해 성대하게 의식을 치렀습니다. 4만 개의 천막이 세워진 대관식장의 단상에 놓인 왕과 왕비의 의자는 각각 510킬로그램, 360킬로그램의 은으로 제작되었고 거기에 앉은 왕은 6,170개, 왕비는 4,149개의 다이아몬드에 각종 보석을 단 새로 만든 왕관을 썼습니다. 비용이 어마어마하게 들었지요. 역시 인도인의 세금이었습니다.

　인도의 왕들은 영국 왕과 왕비에게 머리를 세 번 조아리고 물러나기 전에 세 걸음을 뒷걸음질로 퇴장하는 영국의 법도를 따랐

1911년 12월에 열린 조지 5세의 대관식 장면

는데요, 그들에게는 굴욕이었지요. 화려하게 꾸민 영국 왕과 왕비와 달리 그 통치를 받는 거친 무명옷을 입은 10만 명의 인도인이 대관식을 구경했습니다. 거기서 영국 왕은 수도 이전을 발표했고 이듬해 델리는 영국령의 수도가 되었지요. 그때는 영국의 통치가 영원히 계속될 것처럼 보였습니다.

하지만 1936년까지 왕위에 있던 조지 5세는 영국의 쇠락을 나날이 실감했습니다. 1931년 화려한 복장에 훈장과 보석으로 무장한 그를 버킹엄 궁전으로 찾아온 간디는 맨발에 무명 옷감을 걸치고도 당당할 정도로 전세가 변했지요. '사랑을 위해' 왕위를 버린 형을 대신해 1936년에 왕이 된 조지 6세는 다음 해 인도에서 열릴 대관식을 취소할 정도로요. 인도인의 거센 반대 표명이 가장 큰 이유였습니다. 2010년에 나온 영국 영화 〈킹스 스피치〉에는 인도 대관식을 기대하는 왕의 대사가 등장하지만 무산된 겁니다.

보석이 든 왕관을 쓴 영국의 왕과 왕비의 이야기는 동화처럼 신비해 보여도 그 모든 것이 그저 얻어진 건 아니었습니다. 영국의 인도 지배는 꿈을 찾아서 왔다가 타국에서 죽은 200만 영국인의 목숨을 대가로 치렀으니까요. 200년의 긴 식민 통치로 인도인이 입은 피해는 말할 필요도 없겠고요. 1877년 빅토리아 여왕의 대관식이 화려하게 열린 그 한 해만도 최악의 기근으로 550만 명의 인도인이 굶어 죽었습니다.

영국 왕의 대관식과 그 일가에 대한 호들갑스러운 언론을 보면 마음이 복잡해집니다. 가해자에 대한 과한 언사는 피해자에 대한 또 다른 억압이지요. 과거에 매어 사는 건 좋지 않지만 지난날을 까맣게 잊는 것도 바람직하지는 않습니다. 역사에서 무언가를 배우는 건 늘 유효합니다.

# 지상 최악의
감옥

프랑스 소설가 뒤마의 《몬테 크리스토 백작》을 기억하시나요? 일
제 강점기에 우리나라에 소개되어 인기를 끈 작품인데요, '암굴왕'
으로 소개되었지요. 주인공이 반역죄로 외로운 섬에 갔었다가 몬
테 크리스토 백작이 되어 돌아와 자신에게 누명을 씌운 사람들에
게 복수하는 내용입니다. 절망적인 상황에서 감옥을 탈출하는 무
고한 죄수의 이야기는 할리우드 영화 〈쇼생크 탈출〉에도 나오지요.

인도에는 이런 탈출을 꿈꿀 수조차 없는 무서운 형무소가 있었
습니다. 셀룰러 감옥인데요, 육지에서 1,000킬로미터 떨어진 대양
한가운데 위치했지요. 안다만 제도의 포트블레어에 있습니다. 주
로 영국에게 저항한 인도의 독립투사들이 갇혔던 곳입니다.

셀룰러 감옥은 공동 건물 없이 698개의 감방만 있어서 감방이
라는 뜻의 그런 이름으로 불렸습니다. 일상생활은 물론이고 육지
에서 완전히 고립된 수감자들은 감옥 안에서도 서로가 고립된 겁
니다. 쇠창살 문만 있는 1평 남짓 독방에서 수갑을 차거나 족쇄에

매인 채 옆방에 누가 있는지도 모르고 살았습니다. 한 독립투사는 같은 감옥에 동생이 있다는 걸 1년이 지나서 알았을 정도로요.

영국이 이 감옥을 세운 이유는 1857년 세포이의 항쟁을 주도한 인도인을 가두려는 것이었습니다. 1858년 부당한 지배와 억압에 반대하고 자유를 갈망했다는 '죄'를 진 200명의 첫 수감자가 감옥으로 이송되었고 그 이후에도 영국에게 굴복하지 않은 사람들이 연이어 들어왔습니다. 한번 들어가면 다시는 육지로 돌아가지 못해서 셀룰러 감옥은 죽음을 상징하는 '검은 바다'로 불렸는데요, 감옥은 원형 감시탑을 중심으로 일곱 동의 감옥이 수레바퀴 살처럼 펼쳐진 구조였습니다. 소수의 간수가 다수의 죄수를 감시하는 데 효과적이었지요. 하지만 변기도 없이 짐승처럼 살아가는 죄수들에게는 일거수일투족을 드러내는 최악의 감옥이었습니다. 게다가 죄수들은 영화 〈빠삐용〉의 주인공처럼 감옥을 탈출해도 섬을 나갈 수 없었습니다. 섬이 넓은 바다 한가운데 있으니까요. 1868년에 탈옥한 238명도 결국 섬에서 다 체포되었지요.

셀룰러 감옥이 문을 닫은 건 한참 뒤인 1938년이었는데요, 독립운동이 거세지면서 마하트마 간디와 1913년 노벨문학상을 받은 라빈드라나트 타고르가 나선 덕분이었습니다. 그렇다고 무서운 감옥의 역사가 끝난 건 아니었지요. 태평양 전쟁을 일으킨 일본이 안다만에 등장해서였습니다. 동남아를 장악한 일본은 육로로 미얀마를 걸쳐 인도의 동부 지방에 침입했고, 1942년 3월에는 바다를 통해 안다만 제도를 점령했지요.

안다만에 도착한 일본군은 먼저 약탈과 방화를 자행한 뒤에 강압적 통치를 시작했습니다. 영국 지배자에 못지않은 악행을 저질렀는데요, 그저 수상해 보인다는 이유로 많은 주민을 셀룰러 감옥에 가두고 고문했습니다. 가족이 보는 앞에서요. 자백할 것이 없다는 주민에게는 석유를 뿌리고 불을 붙였고요. 그 고통을 견디고 생존한 주민에게는 총살이 기다렸습니다. 그때 일본군은 셀룰러 감옥에서 인간이 얼마나 잔악할 수 있는지 그 끝을 보였지요.

2014년 인도 정부는 아픈 역사에서 교훈을 얻기 위해 셀룰러 감옥을 세계 문화유산으로 등재를 신청했습니다. 신청서를 검토한 유네스코는 "셀룰러 감옥과 같은 무서운 감옥은 이 세상 어디에도 없었다"라고 인정하고 2015년 세계 문화유산 잠정 목록에 포함했지요.

여기서 제가 말하고픈 점은 세계에서 가장 먼저 산업 혁명을 이룬 영국과 비서구 세계에서 가장 먼저 산업화를 이룬 일본이 셀룰러 감옥에서 나쁜 역사로 손을 잡은 사실입니다. 대영 제국과 대일본 제국을 자처한 두 나라의 민낯이었지요. 다른 국가와 민족을 약탈하고 그 희생을 바탕으로 강대국이 되고, 강대국으로 다시 남을 억압한 일본이나 영국이 바람직한 강대국의 모델일까요?

일본은 근대화 산업 유산 23개를 묶어 유네스코 세계 문화유산 등재를 시도하면서 논란을 일으켰습니다. 일제 강점기 수많은 조선인이 이들 산업 시설에서 인간 이하의 대우를 받으며 강제 노역한 사실을 감추었기 때문인데요, 감추고 덮는다고 일본의 나쁜 행적이 역사에서 사라지는 건 아닌데 말이지요. 일본의 부정적인 근대 유산은 셀룰러 감옥이나 서대문 형무소처럼 나라 밖에도 많이 남아 있고요.

시간이 흘러도 과거는 사라지지 않습니다. 필요와 유불리에 따라 잠시 역사를 가릴 수는 있어도 영원히 지울 수는 없으니까요. 그래서 엄중합니다. 다행히 역사는 가까이서 보면 불의가 판치는 듯해도 멀리서 보면 정의가 반드시 승리하지요. 한때 대제국이던 영국과 일본의 시대가 끝난 것처럼요.

마지막으로, 힘세고 잘나가던 당시의 영국과 일본은 무엇이 두려워 셀룰러 감옥에서 그런 악행을 저질렀을까요? 아마도 정당하지 않아서였을 겁니다. "맨손인 내가 그렇게 무섭나요?" 언젠가 간디는 군인들이 총을 들고 자신을 막아서자 이렇게 물었는데요, 정당하면 맨손으로도 당당할 수 있습니다.

# 그 많던 왕국은 다 어디로 갔나

인도가 대망의 독립을 이루었을 당시 인도는 하나의 나라가 아니었지요. 크고 작은 왕국들이 많았습니다. 무려 562개국이었는데요, 전체 영토의 약 40퍼센트, 총인구의 30퍼센트를 차지한 이들 왕국은 직접적으로 영국의 통치를 받지 않고 자치를 누렸습니다. 어떻게 그럴 수 있었을까요? 영국이 물러간 1947년 이후에는 어떤 선택이 그들을 기다렸을까요?

인도는 유럽 영토만큼 넓은 땅을 가졌는데요, 옛날부터 많은 나라가 동시대에 공존하는 역사가 이어졌습니다. 근대에도 마찬가지였지요. 무역을 위해 왔다가 인도에서 정권을 잡은 영국은 많은 왕국을 하나씩 점령하면서 영토와 세력을 넓혔습니다. '왕이 무능하다, 영국의 적성국과 연락했다, 왕위 계승자가 양자다'라는 이유 아닌 이유를 내세워 많은 왕국을 강제로 차지했지요.

그러던 영국은 왕국들을 간접 통치하는 정책으로 바꾸었습니다. 왕국을 점령하고 직접 통치하면 비용이 많이 들고 정치적으로 위험하다고 깨달았지요. 영국은 점령하고 지배하는 대신에 왕국들과 보호 조약을 맺었습니다. 1905년 일본이 우리나라에 강제한 을사늑약과 비슷한 성격이었지요. 그 결과로 인도 왕국들은 외교권과 군사권을 영국에게 넘겨주고 그 보호를 받게 되었는데요, 각 왕국의 수도에 군대를 상주시킨 영국은 충성권을 이탈할 조짐이 보이는 왕에게 즉시 군사적 위협을 가했습니다.

그리하여 왕국들은 영국의 가장 중요한 협력자가 되었지요. 1857년 영국에 대한 항쟁이 시작되자 이들 왕국은 항쟁하는 인도인 측이 아닌 영국에게 군대와 자금을 지원했습니다. 영국은 어려울 때 도와준 인도인 왕들과 친밀한 관계를 유지했고요. 이때부터 유럽 봉건주의와 인도의 전통을 절충해서 영국 여왕을 정점에 두고 인도 왕국의 지배자들을 그 아래에 두는 새로운 제국의 질서가 만들어졌습니다.

물론 모든 왕국이 대등하지는 않았는데요, 영국 여왕의 대리로 활동하는 인도 총독의 바로 밑에는 21발의 예포를 받는 바로다, 괄리오르 등 다섯 왕국이 자리했습니다. 가장 낮은 수준에는 아홉 발의 예포를 받는 작은 왕국들이 배치되었고요. 영국 왕실은 인도 왕국의 서열을 매기고 중요도에 따라 인도 왕들에게 작위를 수여하는 전략도 썼습니다. 인도 왕들이 서로 경쟁하는 바람에 작위를 받은 이들이 수백 명에 이르렀는데요, 영국은 인도 왕들의 충성 경쟁을 은근히 즐겼습니다.

인도 왕들과 인도에 있는 영국 식민 정부의 관계도 봉건적이었지요. 영국은 왕국들의 주권을 보장한다면서 실은 내정에 여러 명목으로 간섭했습니다. 특히 미성년자가 왕이 된 왕국의 행정에 대한 간여가 심했지요. 미성년 왕을 대리하는 친영파 수상은 자기 왕국보다 영국의 이익을 위해 일했습니다. 예를 들어볼까요? 영국의 지지를 받아 수상이 된 바로다 왕국의 수상은 무기와 아편, 소금과 술을 제조하는 알짜 지역을 다 영국에게 넘겨주었습니다.

인도 왕국들은 대영 제국에게 충성을 다했는데요, 제국 봉사 군대를 조직하여 남아프리카의 보아 전쟁, 중국 의화단 운동 진압에 영국을 위해 출정했습니다. 영국이 참전한 제1·2차 세계대전과 아프간 전쟁에도 나갔고요. 영국에게 재정적 후원도 많이 했습니다. 연간 예산의 절반을 전쟁 비용으로 기부한 왕국이 있는가 하면 왕실 소장의 보석을 몽땅 내놓은 왕도 있었지요. 비행기, 해군 함정, 야전 병원차를 헌납한 왕국도 많았습니다.

당연히 왕국들은 인도의 독립을 위해 애쓰는 민족주의 진영과 지도자 간디에게 동조하지 않았습니다. 민족주의의 여파가 자기 왕국으로 퍼지는 걸 애써 막았고요. 자유주의 신문을 억압하고 간디의 스와데시 운동도 금지했습니다. 영국은 그런 왕국들을 "우리의 진정한 지지자"라고 신뢰를 보내며 화답했지요. 그래서 크고 작은 인도 왕국들은 1857년부터 1947년까지 단 하나도 사라지지 않고 부귀영화를 누렸습니다.

하지만 영원히 계속되는 꿈은 없나 봅니다. 1945년 전쟁이 끝나고 인도에서 철수를 결정한 영국이 간디와 네루가 이끄는 국민회의 진영을 파트너로 택하면서 왕국들을 배신했습니다. 영국은 자원이 많고 전략적으로 중요한 인도의 새 정부와 우호적 관계를 바랐는데요, 그래서 조약을 맺은 인도 왕국들을 아무런 법적 조치 없이 버렸습니다. 영국이라는 막강한 후원자를 상실한 왕국들은 곧바로 국민회의가 주도하는 인도 연방에 흡수되었지요.

그동안 영국과 맞서 싸운 국민회의 민족주의자들이 새 시대의 주인공이 된 반면에는 이방 정권 영국에게 충성을 바친 왕국들의 어쩔 수 없는 퇴장이 있었습니다. 600개 가까운 왕국들이 전부요. 식민지 시대 내내 자기 나라에서 권세를 누린 지배자들의 급격한 몰락은 그들의 무능과 부패, 입헌 군주제의 필연적 종말로 설명합니다만 그것이 이유의 다는 아니었지요. 독립이라는 대의보다 자기 왕국의 존속만 추구한 이기적인 그들이 국민의 지지와 도덕적 정당성을 상실한 점이 컸습니다. 목숨을 걸고 독립운동을 펼치고 건국 주체로서의 정당성을 다진 민족주의자들에게 뒷짐이나 졌던 왕들이 질 수밖에 없었으니까요. 역사의 준엄한 심판이었습니다.

# 인도, 처칠 그리고 덩케르크

2017년 7월에 개봉한 전쟁 영화 같지 않은 전쟁 영화 〈덩케르크〉를 두 번이나 보았습니다. 영국 출신의 크리스토퍼 놀란이 감독과 각본을 맡은 작품인데요, 나치 독일에 벨기에령 덩케르크까지 밀린 연합군을 영국이 구출하는 내용이지요. 3만 명가량 구출할 거라는 당시 영국 수상 윈스턴 처칠의 예상과 달리 이 철수 작전으로 무려 34만 명의 영국군이 구출됩니다. 영화는 연합군이 제2차 세계대전에서 승리를 거두는 시발점인 실제 작전에 근거하는데요, 템스강의 보트까지 징발하여 구출 작전에 성공한 처칠 수상의 영웅적 리더십이 칭송됩니다.

그렇지만 인도 역사를 공부하는 저에게는 다른 생각이 들었습니다. 구출할 만한 가치가 있는 사람들이 따로 있는가, 혹은 목숨에도 등급이 있는가라고요. 당시 처칠 수상은 공식적으로 모든 연합군을 구출하라고 했으나 비공식적으로는 영국 군인부터 먼저 구출하라고 지시했습니다. 그래서인지 영화에는 프랑스인으로 드러난한 병사를 영국 군인들이 배에서 쫓아내려다 죽게 만드는 장면이 나옵니다. 어찌 되었든 1940년 덩케르크에서 수십만 명의 영국 군인을 구출한 영웅적인 영국 수상이 1943년 영국의 식민지 인도에서 수백만 명을 죽게 내버려둔 그 처칠 수상인 건 분명합니다.

'역사는 승자의 기록' '역사는 패자의 자기 합리화'라는 상반된 주장이 있습니다. 그래도 유럽의 전쟁터가 아닌 인도에서 일어난 분명한 사실은 곡창 지대인 벵골 지방에서 200만~300만 명이 기근으로 굶어 죽은 겁니다. 2012년에 나온 마두스리 무커르지의 저서 《처칠의 비밀 전쟁》을 인용하면 처칠은 굶어 죽는 인도인을 구할 수 있는 길을 의도적으로 무시했습니다. 많은 이들이 굶주리는 벵골 지방에 공급할 수만 톤의 식량을 충분하게 보급이 이루어진 영국 군대와 유럽의 서부 전선에 보내면서요. 덩케르크에서 영국 군인을 최선을 다해 구한 그에게 유색인 피지배자는 공식적으로나 비공식적으로 구출할 만한 생명이 아니었을까요?

"만약 식량이 부족해서 사람들이 굶어 죽는다면 간디는 왜 아직 죽지 않았는가?" 처칠 수상은 인도의 식민 정부가 식량을 지원해달라고 본국에 요청하자 전보로 이렇게 짧게 답했습니다. 놀라운 발언이지요? 사실 그는 젊었을 때부터 인도를 싫어했고 수상이 된 뒤에도 공공연히 인도인을 미워했습니다. "괴상한 종교를 가진 괴물과 같은 사람들"이라고요. "세상에 인도라는 나라는 없다"라면서 그저 추상일 뿐이라고 우겼는데요, 처칠은 영국을 반대하는 인도 민족주의자들을 미워했고 특히 그 지도자인 간디를 증오했습니다. 그런 정신에서 "만약 식량이 부족해서 사람들이 굶어 죽는다면 간디는 왜 아직 죽지 않았는가?"라는 말이 나왔을 테지요.

당시에 그런 감정적 결정을 내린 처칠은 오늘날 인종 차별적 제국주의자라는 평을 피하기 어렵습니다. 히틀러의 손에서 자유민주주의를 구한 정의의 사도라는 평가를 받는 처칠로서는 치명적 오점인데요, 당시 인도에 총독으로 부임한 아치볼드 웨벨 장군도 자신을 임명한 처칠의 태도를 "태만하고 경멸적이며 적대적"이라고 평했습니다. 그런데도 리더 처칠의 명성은 오래갔지요. 일부는 지금도 존경하고요.

그래도 신사의 나라로부터 지배를 받다가 독립한 인도의 정부는 1965년 처칠이 사망하자 조기를 게양하고 애도했습니다. 그야말로 신사다운 행동이었지요.

600여만 명이 죽은 유대인의 홀로코스트에 대한 기록과 비판은 전후에 엄청나게 쏟아졌으나 단기간에 200만~300만 명이 굶어 죽은 인도판 홀로코스트는 세계사에서, 특히 유럽에서 최근까지 언급되지 않았습니다. 왜일까요?

바로 승자가 남긴 역사 때문입니다. 자국민에게 '피와 땀'을 요구하며 전쟁의 영웅이 된 처칠 수상은 자신을 변호하고 자신에게 유리한 역사를 기록했습니다. 그는 전쟁이 끝난 뒤에 유려한 필치로 자서전을 썼고 1953년에 노벨문학상까지 받았지요. 서구 중심으로 돌아간 20세기의 세계 질서에서 약자의 비극은 무시될 수밖에 없었습니다. 이런 걸 보면 세계사는 '강자 무죄, 약자 유죄'가 아닐까 싶습니다.

하지만 다행히 세상은 달라졌지요. 2015년 인도의 연방 의원 샤시 타루르가 영국 옥스퍼드대학에서 열린 토론회에서 이 문제를 공론화했습니다. 벵골 지방에서 수백만 명이 굶어 죽은 사실에 대해 영국 정부가 인도에 사죄하라고요. 그는 '추악한 영국'이라는 표현과 처칠 수상을 독일의 히틀러에 비교하는 센 발언도 마지않았습니다. 그동안 신사의 나라를 자처해온 영국은 몹시 당황했지요.

물론 역사란 한 사람에게 모든 책임을 지울 만큼 단순하지 않습니다. 삶이 늘 공정한 것도 아니고요. 하지만 1943년 벵골의 비극은 리더십에 대해 많은 생각을 던지는데요, 무엇보다 지도자의 감정적 판단이 위험하다고 알려줍니다. 세상에 살 만한 가치가 있는 목숨이 따로 있지는 않지요. 살릴 수 있으면 다 살려야 합니다. 유럽의 덩케르크에서든 인도의 벵골에서든, 백인이든 유색인이든요. 우리는 인간이니까요.

# 인도와 파키스탄 총리는 동향인

국토의 삼면이 바다인 인도에서 해안선의 길이가 가장 긴 지방은 서해안의 구자라트주입니다. 덕분에 고대부터 바다를 통한 근·장거리 무역으로 재산을 모은 사람이 많았는데요, 기록을 보면 17세기 무굴 제국 최고의 부자 1위와 2위가 구자라트 상인들이었습니다. 천하제일 무굴 황제에게 급전을 빌려줄 정도로요.

그로부터 300년이 흐른 오늘날에도 인도에서 가장 재산이 많은 사람 1위와 2위는 구자라트 상인 출신입니다. 국내뿐만 아니라 아시아에서 최고 부자로 꼽히는 아다니와 암바니가 그들이지요. 두 사람은 바니아라고 불리는 구자라트 상인 카스트입니다. 이들뿐 아니라 현재 나라 안 최상위 부자 명단에는 구자라트 상인이 많은데요, 인구의 극소수인 그들에게 돈 버는 특별한 유전자가 있는 걸까요?

흥미로운 점은 구자라트 상인 중에는 돈 버는 것 말고도 뛰어난 능력을 보인 인물이 많은 겁니다. 정치적 격변기인 20세기로 한

정해도 말이지요. 가장 유명한 구자라트 상인은 간디인데요, 영국을 상대로 독립운동을 펼치면서 나라를 세워 국부로 추앙됩니다. 결코 손해를 입지 않는 영리한 상인의 감각으로 강대국 영국을 상대했다는 평을 받습니다. 그것도 비폭력으로요.

간디는 1869년 구자라트의 카티아와르반도에서 태어났습니다. 운명의 장난일까요? 인도에서 분단된 파키스탄의 국부인 알리 진나도 7년 후인 1876년 간디의 고향 인근 마을에서 출생했습니다. 1947년에 갈라진 인도와 파키스탄의 국부가 동향인데요, 두 사람 다 영국에서 비슷한 시기에 법률을 공부한 공통점도 있지요. 더 놀라운 건 파키스탄을 세운 진나가 실은 간디와 같은 구자라트 상인 출신인 점입니다.

최근의 연구는 상인 카스트인 진나의 조부 타카르가 이슬람으로 개종했다고 알려줍니다. 개종한 이유는 바다에서 물고기를 잡는 일에 종사하다가 비폭력과 채식주의를 엄격하게 지키는 커뮤니티에서 사회적 추방을 당해서였습니다. 타카르는 그 반발로, 아니 홧김에 이슬람으로 개종했고요. 간디의 비폭력적 독립운동이 고향의 전통에서 가져온 걸 떠올리면 19세기 상인 집단의 결정이 이해할 수 없는 건 아닙니다만 진나 조부의 선택은 돌아올 수 없는 다리를 건넌 셈이었지요. 돈을 벌자 어업을 정리하고 힌두교의 품으로 돌아오려던 진나 조부와 부친의 재개종에 대한 여러 번의 시도는 받아들여지지 않았습니다. 진나 일가는 결국 오늘날의 파키스탄에 속하는 신드 지방으로 이주했고 무슬림으로 살았지요.

그래서일까요? 진나는 힌두의 전형처럼 산 간디와 달리 진정한 의미의 무슬림은 아니었는데요, 파키스탄의 공용어인 우르두어를 전혀 몰랐고 메카를 향한 기도도 올리지 않았습니다. 복장도 영국 신사처럼 양복을 고수했고요. 그가 파키스탄 운동을 벌인 이면에는 조부가 받은 모욕에 대한 기억과 같은 구자라트 상인 간디에 대한 경쟁의식이 있었습니다. 국가의 해방을 위해 싸우는 간디를 힌두교 집단의 리더로 한정하거나 마하트마라는 호칭을 빼고 "간디 씨"라고 부르며 한사코 그의 반대편에 자리했지요.

간디는 이슬람 국가를 따로 세우려는 진나를 달래며 분단을 막았으나 결과는 좋지 않았습니다. 손해를 보지 않는 두 사람의 상인 유전자가 맞붙은 데다가 봉황의 꼬리보다 닭의 머리가 되기를 바라는 진나의 욕심이 더해져서였는데요, 1947년 8월 파키스탄의 초대 총리가 된 진나는 1948년 1월에 암살된 간디를 몇 달 뒤에 따라가며 한 시대를 마감했습니다. 파키스탄의 독립 1주년도 보지 못하고서요.

역사를 가정하는 건 의미가 없지만 그래도 그때 상인 집단이 진나 일가의 재개종을 받아들였다면 어땠을까요? 인도와 파키스탄이 분단되지 않았을까요? 문득 "마을에서 따뜻하게 품지 않으면

파키스탄을 세운 독립운동가 무함마드 알리 진나

온기를 느끼려고 온 마을을 불태운다"라는 인도 속담이 생각납니다. 결국 예전의 정체성을 되찾지 못하게 된 한 가문의 행로가 인도와 파키스탄을 피로 얼룩진 분단으로 인도했습니다. 70여 년이 훨씬 지난 지금도 후유증을 겪고요.

포용의 중요성은 아무리 강조해도 지나치지 않습니다. 학자들은 부자가 많은 구자라트 바니아 계층의 성공 비결로 고객의 마음을 얻는 겸손함과 양보하고 타협하는 공존 방식을 꼽는데요, 미국의 청교도적 정신처럼 구자라트 상인의 정신이 지난 일을 빨리 잊고 공격적이지 않다고도 덧붙입니다. 하지만 어찌 된 일인지 진나의 부와 조부에게는 이런 전통이 적용되지 않았고 그래서 역사가 바뀌었지요. 인도식 어법으로, 그게 운명이었을까요? 돌아보면 우리 인생처럼 역사에도 아쉬운 순간이 많습니다.

# 5장

## 제로에서 무한대까지,
## 다양성에서 배우다

The weak cannot forgive; the strong can,
forgiveness is an attribute of the strong.

용서는 약자가 아니라 강자만 할 수 있다.
용서하는 건 강자의 특성이다.

– 《바가바드기타》

# 있지만 없고,
# 없지만 있다?

한 가지 문제를 드리겠습니다. 제가 키우던 앵무새 한 마리가 지난 주에 죽었다면 지금 저에게는 몇 마리가 남았을까요? 문제가 너무 쉬운가요? 물론 정답은 '없다'입니다. 하지만 고대의 인도인은 다르게 생각했지요. 있지도 않지만 없지도 않다고요. 그 결과로 인류 문명사에 혁명을 가져온 제로(0)가 태어났습니다.

제로의 개념은 인도 문명의 본질과 연결됩니다. 인도에서 생긴 불교, 힌두교, 자이나교는 다 윤회의 사슬에서 벗어나는 해탈이 이상형인데요, 궁극적 목표인 생로병사에서 해탈한다면 인간의 영혼은 없는 걸까요, 있는 걸까요?

고대의 현자들은 이를 두고 고민했습니다. 그러면서 모든 욕망을 이기고 깨달음을 얻으면 도달하는, 있지도 않지만 없지도 않은 상태를 해탈이라고 여겼지요. 해탈은 산스크리트어로 '슈니아'라고 하는데요, 비어 있음, 공空, 제로를 뜻합니다. 약 2,600년 전에 나온 《우파니샤드》에는 해탈이 이렇게 정의되어 있습니다. "소리도 없고 만질 수 없으며 형체도 없고 사라지지도 않는다. 냄새도 없고 맛도 없으며 시작도 없고 끝도 없다"라고요. 이 개념에서 제로가 나왔습니다.

없지만 없다고 단정할 수 없는 제로를 깨달은 일단의 인도인이 더 있었는데요, 고대의 건축가들이었습니다. 그들은 사원이나 집을 지으면서 건물 벽이 만드는 공간을 주목했지요. 벽돌을 쓰든 나무로 집을 짓든 사람이 사용하는 건 눈에 보이는 벽이 아니라 벽과 벽 사이의 아무것도 없는 공간이라고요. 평지에 유의미를 세우는 그들은 텅 비어 있지만 없다고 할 수 없는 그 공간이 건축의 중요한 요소인 걸 깨달았습니다. 그 공간이야말로 우리가 사는 50평 아파트, 100평짜리 사무실을 드러내는 조건이지요. 금으로 만들었든 은으로 제작했든 정작 우리가 쓰는 건 금과 은이 아닌 그릇의 공간인 것처럼요.

인도인은 없지도 않고 있지도 않은 그 비어 있는 존재를 슈니아-제로라고 불렀습니다. 물론 고대의 중국인이나 바빌로니아인도 아무것도 없음, 비어 있음을 뜻하는 '공'을 알았지만 해탈을 추구한 인도에서 제로의 개념을 먼저 숫자의 세계에 도입했지요. 5세기의 수학자들은 철학적·문화적인 슈니아의 개념이 수학적 견지에서도 유용하다는 걸 깨달았는데요, 이 시대에 등장한 위대한 수학자 아리아바타는 제로는 수가 아니지만 모든 수가 존재하는 조건이라고 말했습니다.

아리아바타와 다른 지방에서 살던 7세기의 수학자 브라마굽타는 다음과 같은 제로의 법칙을 남기며 거기서 한 걸음 더 나아갔지요. 1+0=1, 1-0=1이었습니다. 그 법칙을 따르면 어떤 수에 0을 빼거나 더해도 그 수는 변하지 않지요. 그래서 제로는 있지만 없는 존재입니다.

9세기에 세워진 괄리오르 지방 한 힌두교 사원의 석조 벽면에는 270이라는 숫자가 새겨져 있는데요, 세상에서 숫자 0을 사용한 현존하는 가장 오래된 흔적입니다. 이게 세계 최초라면 서구 문명의 원조인 그리스와 로마에는 제로가 없었다는 걸 의미하는데요, 로만자로 270은 100을 뜻하는 C, 50을 의미하는 L, 10을 나타내는 X를 조합해 CCLXX로 적습니다. 제로가 얼마나 편리한지 잘 보여주지요.

인도인이 개발한 아라비아 숫자처럼 제로 또한 상인들에 의해 8세기에 페르시아와 아랍 세계에 전해졌습니다. 13세기에는 유럽에 소개되었고요. 하지만 제로가 산수로 쓰인 것은 16세기가 되어서였습니다. 있지도 않고 없지도 않은 제로의 개념이 무척 위험하다고 3세기 동안 유포가 금지되어서인데요, 제로가 르네상스 이후에 근대 서구의 수학과 과학의 발전에 크게 공헌한 건 누구나 아는 사실입니다. 제로가 없었다면 이진법인 디지털 세상과 스마트폰도 나오지 않았을 테고요.

12세기 인도의 또 다른 수학자 바스카라는 어떤 수의 오른쪽에 0을 붙일 때마다 열 배씩 늘어나는 법칙을 만들었습니다. 그렇게 0을 수의 오른쪽에 붙이면서 인도인은 억대와 조와 경을 넘어 무한대를 상상할 수 있었지요. 제로를 발견한 나라답게요. 그래서 그들은 인간이 헤아리기 어려운 광대한 수를 사유했습니다. 불교를 통해 익숙한 단어인 불가사의와 무량대수, 갠지스강 강변의 모래알이라는 뜻의 항하사 등을요.

제로의 법칙을 발견한 브라마굽타는 또 다른 제로의 법칙 $1 \times 0 = 0$도 알려주었습니다. 제로를 어떤 수에 곱하든지 그 수가 0이 되는 건데요, 100에 곱하든, 억에 곱하든 결과는 모두 제로가 됩니다. 인간이 사유할 수 없는 무한대의 수에 제로를 곱해도 제로가 되고요. 7세기에 나온 이 제로의 법칙은 엄청난 부와 큰 명예도 자칫 잘못하면, 아니 결국은 아무것도 아닌 걸로 돌아간다는 우주의 섭리가 반영되었습니다.

제로는 중요하고 잘 다루어야 합니다. 여러분의 1억 원짜리 통장에서 0이 하나만 지워져도 그 가치는 10분의 1로 줄어드니까요. 그렇다고 제로가 비관적인 건 아닙니다. 세상의 모든 것이 무에서 시작되니까요. 무에서 유, 0에서 1이 되는 것이 창조입니다. 삶의 신비가 여기에 있지요.

# 우주의 신비를 탐사하다

2023년 8월 23일, 인도는 무인 달 탐사선을 달의 남극에 착륙시켰습니다. 달 착륙에 성공한 세계에서 네 번째 국가가 되었는데요, 2003년 8월 15일 독립 기념일에 달 탐사 계획을 발표하고 5년 뒤에 실행에 들어간 지 딱 15년 만의 쾌거지요. 곧이어 9월 2일에는 태양 탐사선 아디티야 1호의 발사에 성공했고요. 그에 앞서 2014년에는 무인 화성 탐사선을 첫 발사에서 궤도에 진입시킨 첫 번째 나라가 되었습니다.

이런 소식에 놀라는 이들이 많은데요, 운명론을 믿고 배우지 못한 인구가 많으며 카스트 제도가 남아 있는 나라라 과학과 기술 발전에 부정적이리라고 생각해서지요. 과학이 근대 유럽에서 시작되었고 그래서 인도의 고대와 중세에는 과학 기술의 전통이 없었다고도 여기고요. 하지만 고대의 하라파 문명만으로도 그런 생각을 반박할 수 있습니다. 기원전 3000년경부터 높은 수준의 과학 기술이 존재했으니까요. 이번에는 주로 우주와 관련하여 과학 기술의 역사를 대략적으로나마 살펴보겠습니다.

인도인의 광대한 우주에 대한 3,500년 전부터 구전된 《리그베다》에 등장하는데요, 1년을 12개월로, 1개월을 30일로 나누고, 5년마다 윤달을 끼워 넣었습니다. 사제 계층인 브라만이 신에게 제사를 올리려고 좋은 날짜와 장소를 잡기 위해 천체의 움직임을 살피면서 천문학과 수학이 발달했지요. 이윽고 제로를 발견하고 십진법과 무한대, 삼각법까지 발전시켰습니다. 이러한 지식은 구전되면서 서아시아를 거쳐 유럽으로 전해졌지요.

《베다》에는 "달님이시여, 우리의 지성으로 당신을 알 수 있도록, 올바른 길로 깨닫게 하소서"라는 구절이 나옵니다. 인도인의 광대한 우주에 대한 호기심, 그 신비를 밝히려는 탐구심은 끊이지 않고 이어졌습니다. 달 탐사선 찬드라얀과 화성 탐사선 망갈라얀의 이름은 《베다》에 나오는 찬드라(달)와 망갈라(화성)에서 땄지요.

아리아바타는 지구가 움직인다면서 지동설을 주장했습니다. 밖에 알려지지는 않았으나 서양보다 1,000년가량 앞서는 발견이 었는데요, 파이π의 값을 3.1416으로 계산해서 거의 정확하게 지구의 둘레를 계산한 사람도 아리아바타였습니다. 인도가 1975년에 발사한 첫 인공위성에 그의 이름을 붙인 건 그런 위대한 발견에 대한 헌정이었지요.

11세기경 인도를 여러 번 침략한 가즈니 왕조의 술탄을 수행한 수학자이자 과학자인 알 비루니는 인도인들이 스스로 과학과 지식이 세계 최고라고 생각한다고 적었습니다. 그는 실제로도 인도인 수학자와 천문학자의 능력이 출중하다고 칭송했고요.

하지만 이후 이슬람 세력과 영국의 지배를 800년가량 받으면서 고유한 과학 기술의 전통과 독창성은 사라졌습니다. 인도가 다시 과학 기술에 관심을 쏟은 건 19세기 말이었는데요, 지배자 영국이 철도와 운하 등 과학 기술을 식민 통치의 수단으로 쓰면서 그 지식과 기술을 조금도 알려주지 않으면서였습니다. 해방을 위해 운동을 벌인 민족주의자들은 과학 기술을 주체적으로 쓸 수 있는 나라를 꿈꾸기 시작했지요.

그래서 독립을 이룬 인도의 지도자들은 과학 기술을 근대화의 상징이자 강대국을 만드는 수단으로 여겼습니다. 노벨물리학상을 받은 라만 박사가 "인도 경제의 유일한 해결책은 과학이고 더 많은 과학이며 여전히 더 많은 과학이다"라고 말할 정도로요. 총리실은 직접 과학 기술의 수월성을 위한 인프라 구축과 우수한 기술자의 양성을 추진하고 관련 분야를 후원했습니다.

우주 과학 분야의 발전도 그렇게 진행되었는데요, 1969년 8월 15일 독립 기념일에 인도 우주 연구소가 세워졌고 몇 년 뒤에는 세계에서 다섯 번째로 자체 제작한 첫 인공위성을 우주로 쏘아 올렸습니다. 당시는 아직 국민 대다수가 빈곤할 때였지요. 그렇게 시작한 인도발 인공위성은 2023년 현재 이미 130개 정도가 우주로 날아갔습니다.

밤하늘의 인공위성을 올려다보며 꿈과 미래를 키운 젊은이들이 모여 오늘날 인도 우주 연구소는 약 1만 7,000명의 고급 인력을 자랑합니다. 인력 자원은 미국의 항공 우주국NASA에 뒤지지 않지만 예산은 그 6퍼센트만 쓰면서요. 달 탐사선 찬드라얀 3호의 예산에는 우주를 다룬 할리우드 영화 〈인터스텔라〉 제작비의 절반도 들이지 않았습니다. 부품 대부분을 자체 제작하고 관련 업종을 협력 업체로 이용하는 등 현지화로 비용을 줄인 결과인데요, 인건비가 상대적으로 적은 점도 한몫했습니다.

앞으로도 인도는 우주 과학 분야에서 앞서갈 겁니다. 고대부터 지속된 과학 기술의 전통에 서구의 근대 과학 기술을 잘 접목하여 과학 기술을 국가적 자원으로 만들 겁니다. 통합적 성격의 인도 과학 기술은 생존력이 강하고 지속가능성이 크니까요. 《리그베다》에 나오는 기도처럼 그들의 지성이 우주의 신비를 하나씩 벗기게 될까요?

# 비틀스가
# 인도로 간 까닭

1968년은 세계사적 사건이 많은 해입니다. 미국에서는 마틴 루터 킹과 로버트 케네디가 암살당했고 프랑스에서는 젊은 세대가 반란을 일으켰지요. 베트남 전쟁을 반대하는 운동도 거셌고요. 북한이 미국의 푸에블로호를 납치한 사건도 일어났습니다. 이번에는 이 불온하고 불안한 시대에 인도와 관련해 생긴 작은 사건을 소개합니다. 사건은 크지 않아도 이후 인도의 국가 이미지에 준 영향이 매우 컸기 때문입니다.

1968년 2월, 당대의 인기 스타 비틀스는 요가와 명상을 배우려고 인도를 찾았는데요, 각자 아내와 여자친구를 대동하고요. 갠지스강 상류 리시케시에 3개월가량 머물렀습니다. 초월 명상으로 유명한 마헤시 요기의 아쉬람이었지요. 그들은 그곳에서 노래를 만들었습니다. 흥미로운 점은 비틀스가 인도의 현악기 시타르를 써서 팝송을 만든 겁니다. 〈노르웨이 숲〉으로 알려진 노래가 그 첫 번째였지요. 멤버인 조지 해리슨은 1월에 먼저 뭄바이를 방문해 저명한 연주자로부터 시타르를 배울 정도로 그 악기에 관심이 많았습니다.

그런데 비틀스는 왜 인도에 갔을까요? 영국 리버풀의 노동 계급 출신으로 엄청난 돈과 세계적 명성을 얻었으나 무언가 속이 허전하여 일탈했던 그들은 마헤시 요기를 만난 뒤에 마약을 끊었습니다. 내면의 행복을 주는 요가와 명상에 관심을 가지게 되었고요. 물론 모든 멤버가 그런 건 아니었습니다. 폴 매카트니는 명상에 관심이 없었고 링고 스타는 호기심이 반이었습니다. 하지만 서구 팝문화와 인도의 신비주의를 연결한 비틀스의 인도행 뉴스와 사진이 전 세계에 전해지면서 하나의 트렌드가 시작되었는데요, 수만 명의 히피가 비틀스의 뒤를 따라 인도를 찾았습니다. 비틀스처럼 인도의 영적 지도자에게서 행복의 메시지를 듣고 요가와 명상과 채식주의를 실천한다면서요. 물질은 많이 가졌으나 정신이 가난한 그들에게 반문명과 반소비주의를 상징하는 인도는 타락한 서양의 반대이자 대안이었습니다. 그래서 부유한 서구 산업 사회의 자손들은 헐렁한 인도식의 옷을 입고 삐걱대는 나무 침대에서 새우잠을 자며 자유와 행복을 추구했지요.

1960년대 히피는 반물질주의, 마약과 음악, 반사회적 행동이 어우러진 저항의 대명사였습니다. 베트남 전쟁 반대와 민권 운동, 성 해방 운동으로 이어진 미국의 히피 운동은 1965년 샌프란시스

코에서 시작되어 뉴욕과 워싱턴 등의 대도시를 넘어 유럽까지 퍼졌는데요, 기성 문화와 정치는 물론 그 질서와 성으로부터의 해방을 추구했지요. 비틀스의 방문 뒤에 소비주의에 오염되지 않은 인도가 대량 생산과 물질적 소유를 거부하는 그들을 매혹했습니다.

그때부터 1970년대 초반까지 인도를 찾은 히피는 수만 명에 달했지요. 갑자기 백인들이 몰려들자 현지인들은 깜짝 놀랐습니다. 인디라 간디 총리가 인도의 영적 품에 안긴 그들을 '인도의 자식'이라고 부를 정도로요. 히피들은 요가와 명상을 배우려고 힌두교 아쉬람에 머물거나 물질문명이 아예 없는 해변과 히말라야 자락에 모였습니다. 비틀스가 다녀간 갠지스강 상류의 리시케시가 인기였지요.

최고의 아지트는 1961년까지 포르투갈령이었던 고아였습니다. 아름다운 해변이 많고, 온화한 기후와 서구화한 음식이 히피들에게 안성맞춤이었거든요. 그들은 해방을 소리높여 외치며 넓은 해변에서 밤새도록 파티를 열고 춤을 추며 놀았습니다. 고아 지역의 한 시민 단체가 총리에게 보낸 호소문에서 "우리나라 젊은이의 피를 빨아먹는 기생충"이라고 적을 정도였지요. "해변에서 누드로 돌아다니며 자유연애와 프리섹스를 실천하고 설파한다"라고도 비판했고요.

히피들의 일부는 영적 세계를 경험했으나 나머지는 타락의 길을 걸었습니다. 현지인과 교류 없이 자기들끼리만 어울린 히피들의 가장 나쁜 경험은 마약의 남용이었는데요, 인도의 어디에서나 자라고 값싸게 구할 수 있는 마리화나와 대마초가 마음의 평화를 주는 가장 빠른 수단이 되었습니다. 가시에 찔리지 않고 장미꽃잎만 모으려던 퇴폐적인 그들은 질시를 받았지요. 인도의 자식이라고 말한 총리까지 외면했습니다.

흥미롭고도 당연한 사실은 빈둥거리며 노는 히피들을 상대로 술과 마약, 음식과 잠자리를 판 물질주의자가 인도인인 점입니다. 그래서일까요, 히피들은 정신주의 땅 인도는 좋아도 물질주의적 인도인이 싫다고 말했습니다. 아이러니하지요?

주목할 점은 인도에서 자기들끼리만 어울려 지낸 히피들이 인도를 아주 작은 세상으로 여긴 겁니다. 자신의 사소하고 얕은 경험을 영토 세계 7위의 인도와 수억 명의 인도인에게 적용하여 일반화했습니다. 그 결과로 비틀스와 히피들의 여행은 두 가지 항구적인 인도의 이미지를 남겼는데요, 깨달음을 주는 정신주의 나라라는 추상과 셈이 빠른 영악한 인도인이라는 실상이지요. 아쉽게도 그 이미지는 오래갈 듯합니다.

# 지상 최고의
## 부자 사원

"자고 나니 유명해졌다"라는 영국의 시인 바이런의 말처럼 어느 날 갑자기 인도에서 가장 부유한 종교 기관으로 떠오른 곳이 있습니다. 파드마나브하스와미 사원인데요, 이름이 어렵지요? 이곳은 파드마나브하 신을 받드는 남부 지방 케랄라주의 힌두교 사원입니다. 2011년, 상상을 초월하는 금덩이들이 비밀 금고인 지하실에서 나오면서 단번에 전국에서 가장 부유한 힌두교 사원으로 부상했는데요, 인류 역사상 가장 재물이 많은 종교 기관으로도 꼽히지요. 발견된 재산이 물경 26조 원으로 추정됩니다.

"열려라, 참깨!"

이야기를 시작하려니 어렸을 때 읽은 《알리바바와 40인의 도둑》에서 알리바바의 주문이 생각나네요. 역사적 그날, 주문을 말해야만 열린다는 파드마나브하스와미 사원의 지하 금고가 속살을 드러냈습니다. 비밀 금고의 입구인 돌로 만든 문에는 두 마리의 코브라가 나무를 칭칭 감은 모습이 새겨져 있었는데요, 사진으로만 보아도 섬뜩했습니다. 돌 문에는 자물쇠나 문고리가 없었지요. 문을 부수거나 기술을 써서 억지로 개방하면 사원은 물론이고 나라 전체에 재앙이 내린다는 오래 내려오는 믿음이 감돌 뿐이었습니다.

그런 비밀의 방이 드디어 열렸지요. 주문은 '수리수리 마하수리'도, '열려라, 참깨!'도 아니었습니다. 최고 법원의 결정이었지요. 한 신도가 사원의 재정이 제대로 관리되지 않으니 조사해달라는 소송을 제기했고, 재정 상태를 제대로 조사하라는 사법적 판결이 나왔습니다. 일곱 명의 조사 위원이 여섯 개의 방으로 이루어진 금고 중 네 개를 열자 놀라운 광경이 펼쳐졌는데요, 동화에나 나올 법한 황금의 방이 드러났습니다.

금고에서 나온 보물 중에서는 황금 침대에 누운 1미터 높이의 순금 신상과 5.5미터의 순금 체인이 눈을 사로잡습니다. 500킬로그램의 금 다발, 36킬로그램의 황금 베일도 보이고요. 황금 신상이 입은 황금 옷, 수백 킬로그램이 나가는 수십만 개의 로마 금화, 황금 의자와 황금 항아리, 황금 바구니와 금반지 등 방 안이 온통 황금이었습니다. 전국이 떠들썩했는데요, 그 많은 황금을 누가 가지느냐에 대한 논쟁이 치열하게 이어졌습니다.

그렇다면 그 많은 황금의 주인은 누구일까요? 황금이 나온 사원은 트라반코르 왕국의 전 지배자가 주인이었습니다. 왕국은 1947년 인도 연방에 병합되었으나 왕실의 수호신을 모신 파드마나브하스와미 사원은 왕실 후손의 사적 재산이니까요. 왕국이 사라졌어도 마지막 왕은 1967년 사망할 때까지 나라 안에서 가장 부유한 인도인으로 불렸습니다. 인도양을 마주한 트라반코르 왕국이 예로부터 해외 무역으로 많은 부를 축적한 결과로요. 그런데 다시 엄청난 분량의 황금이 비밀 금고에서 발견된 겁니다.

하지만 예상치 못한 큰 문제가 생겼습니다. 파드마나브하스와미 사원의 법률적 주인이 왕실의 후손이 아닌 파드마나브하 신으로 드러나서였지요. 18세기에 왕국을 다스리던 선대 왕이 스스로 신의 종을 자처하며 왕국을 신에게 바쳤기 때문인데요, 파드마나브하 신을 모신 사원도 그 신의 소유가 되었습니다. 우리에게는 낯설지만 힌두 기부법은 신의 이름으로 재산과 재물을 유지할 수 있거든요. 그래서 트라반코르의 역대 왕은 신의 대리인일 뿐 실소유자가 아니었지요. 그래서일까요? 생전의 왕은 선대 왕들처럼 사원에서 예배하고 나올 때마다 신발까지 벗어서 어떤 금품도 가지고 나오지 않았다는 걸 보여주었다고 전해집니다.

파드마나브하스와미 사원의 이름은 2,500년 전의 문헌에도 나올 정도로 오래되었습니다. 거기에도 황금이 많은 사원이라고 기록되었는데요, 그렇게 부유한 사원에 수천 년간 헌금이 누적되었으니 막대한 재물을 가졌을 겁니다. 그런데도 그동안 사원의 재산을 기록하거나 재물 조사를 한 적이 단 한 번도 없었다고 하네요.

사원의 재물은 신성하기에 금고를 열어보거나 무엇이 얼마나 있는지 헤아리지 않았답니다. 그저 외국 침략자들의 손을 타지 않으려고 단단히 감추고 비장한 것이 전부였습니다.

재산이 많으면 근심도 많은 법이라 엄청난 양의 황금이 발견된 사원의 경비는 삼엄해졌지요. 긴 작대기를 든 서너 명의 경비원이 사원을 지키던 시절은 지나갔습니다. 막대한 재물을 누가 가질 것인지를 두고 논쟁이 첨예해졌는데요, 가난한 사람에게 나누어주자는 이타주의 단체들, 분단 전에 있던 재산은 모두 분할의 대상이라고 주장하는 파키스탄과 방글라데시, 소유권을 제대로 행사하고픈 주 정부와 연방 정부는 모두 제각각의 입장을 정당화했습니다.

그래서 수십조 재산의 주인이 누구냐고요? 10년이 넘는 긴 재판은 파드마나브하스와미라는 긴 이름의 힌두교 사원이 전 트라반코르 왕실의 소유라고 판결했습니다. 아직 열리지 않은 두 개의 금고에는 얼마나 많은 재물이 숨어 있을지 알 수 없지만 그건 그대로 남겨두라고 결정했고요.

자, 우리는 이제 천일야화 같은 이 이야기에서 인도 문화의 숨은 그림을 찾아봅시다. 첫째, 수천 년의 시간을 관통하는 믿음 체계와 영성인데요, 그 천문학적 재물은 사람들이 소원을 빌고 그 덕에 이룬 행운을 감사하며 신에게 바친 겁니다. 놀랍게도 그 긴 세월 동안 왕이나 사제들은 신의 재물을 조금도 탐하지 않았습니다. 미신이라고 치부할 수 있으나 재물까지 영적 견지에서 다룬 그들의 믿음이 경이롭네요.

둘째, 인도의 막대한 부와 재물입니다. 황금이 발견될 때까지 파드마나브하스와미 사원은 나라 안에서 부유한 사원의 축에도 들지 못했습니다. 그러니 넓은 인도의 수천, 수만에 달하는 사원에는 얼마만큼의 재물이 숨어 있을지 알 수 없는데요, 황금을 사랑하는 인도인의 이야기는 옛날부터 유명했습니다. 인도로부터 많은 걸 수입한 로마의 한 역사가가 세상의 모든 황금이 인도로 흘러간다고 걱정했을 정도로요. 지금도 그렇습니다. 가난한 인도요? 보이는 게 다가 아닙니다.

# 파란만장
## 다이아몬드

2016년 10월 말에 인도에서는 색다른 뉴스가 나왔습니다. 한 다이아몬드 수출업체 사장이 자동차 1,200대와 30평짜리 집 400채를 직원들에게 명절 보너스로 지급했다는 소식이었지요. "직원들이 행복해야 회사가 잘된다"라고 말한 업체의 대표는 2014년에도 약 500대의 차와 200채의 집을 직원들에게 선물한 적이 있습니다. 다이아몬드 업체여서인지 대표의 마음 씀씀이가 가히 다이아몬드급인데요, 인도는 다이아몬드라면 할 말이 많습니다. 오늘날 세상에서 거래되는 다이아몬드의 90퍼센트 이상이 인도에서 가공되지요. 벨기에의 앤트워프 다이아몬드가에서 발생하는 매출의 약 70퍼센트를 인도인이 차지하고요. 흥미롭게도, 앞에 언급한 다이아몬드 수출업체의 대표를 포함, 그들은 거의 다 서해안 구자라트 출신입니다. 딸의 결혼식에 참석한 모든 하객에게 다이아몬드를 선물한 세계적 부호 락슈미 미타르도 동향이고요. "다이아몬드는 다이아몬드로 자른다"라는 속담이 나온 나라다운 현실이라고나 할까요.

세상에서 가장 큰 다이아몬드 코이누르도 인도에서 나왔습니다. 인도 중부 데칸 지방의 한 광산에서 발견될 당시에는 800캐럿이 넘는 엄청난 크기였다는데요, 여행가 마르코 폴로는 1294년에 "비가 내리면 산에서 물이 흘러내린다. 비가 그치고 물이 빠진 뒤 골짜기를 뒤져서 다이아몬드를 찾는다. 다이아몬드는 얼마든지 볼 수 있다"라고 기록했습니다. 또 다른 유럽인 여행가는 그 광산에서만 6만 명의 노동자가 다이아몬드를 캔다고 적었고요.

코이누르 다이아몬드의 믿을 만한 연대기는 16세기 중반에 무굴 제국을 세운 바부르에서 시작되었습니다. 나라 밖에서 침입한 바부르의 승리가 분명해지자 한 힌두 왕족이 가족의 목숨을 지켜준 감사의 표시로 그의 아들이자 동업자인 후마윤에게 보석과 귀중품을 헌납했는데요, 나중에 코이누르라고 불린 다이아몬드가 그 안에 들어 있었습니다. 그때부터 코이누르는 그걸 가진 사람이 대권을 가진다는 힌두 신화대로 무굴 제국의 신성한 왕권을 상징하게 되었지요.

무굴 제국의 쇠락을 재촉한 페르시아의 침입에도 코이누르가 등장했습니다. 1737년 페르시아의 나디르 샤는 무굴 제국의 수도 델리를 유린하고 많은 재물을 빼앗았는데요, 무굴 황제는 귀중한 다이아몬드라도 지키려고 머리에 쓴 터번 속에 감추었습니다. 그걸 빼앗으려고 궁리한 나디르 샤가 무굴 황제에게 상호 존경의 표시로 터번을 교환하자고 제의하면서 코이누르의 운명이 바뀌었지요. 고대부터 내려오는 풍습을 거절할 수 없던 무굴 황제는 나디르 샤와 터번을 교환했고 그 속에 숨긴 다이아몬드도 주인이 바뀐 겁니다. 전하는 이야기에 따르면 자기 방으로 돌아온 나디르 샤가 다이아몬드를 보고 "오, 훌륭한 빛의 산이여!"를 외쳤고 그때부터 다이아몬드는 '빛의 산'이라는 뜻을 가진 코이누르라고 불렸습니다.

나디르 샤가 페르시아로 가져간 코이누르는 그가 쿠르드 반군에게 살해되면서 여러 손을 전전했습니다. 피를 묻히면서요. 코이누르가 다시 인도에 돌아온 건 1813년이었습니다. 북부 지방을 다스린 시크 왕국의 지배자 란지트 싱이 사들이면서요. 그는 코이누르를 동해안에 있는 유명한 힌두교 사원에 기부하라는 유언을 남겼지만 곧 왕국이 영국에게 패하면서 다이아몬드는 승자에게 넘어갔습니다. 그래서 세계 최대의 다이아몬드, 100캐럿의 코이누르는 빅토리아 여왕 때부터 영국의 수도에 머물고 있지요.

인도는 1947년 독립하자마자 강제로 빼앗은 코이누르를 돌려달라고 영국에게 요구했습니다. 몇 년 뒤 엘리자베스 여왕이 코이누르가 박힌 왕관을 쓰고 즉위할 때도 마찬가지였고요. 물론 영국은 요구를 거절했습니다. 한동안 잠잠하던 코이누르의 반환 요구는 21세기 들어서 재점화했는데요, 강국으로 부상한 인도가 다시 영국을 압박하면서요. 당황한 영국은 총리까지 나서서 합법적 조

**1911년 런던에서 열린 대관식에서 메리 왕비가 썼던
왕관에 박힌 코이누르**

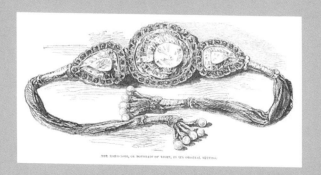

**1851년 전시회에 나온 코이누르 팔찌**(작자 미상의 그림).
**이 형태로 빅토리아 여왕에게 헌납되었다**

약으로 받은 걸 반환할 수 없다고 밝혔습니다. 반환을 시작하면 영국의 박물관이 텅 빌 거라고요. 식민지에서 수많은 걸 약탈한 영국으로서는 그런 입장일 수밖에 없습니다.

재미있는 점은 코이누르의 소유권을 주장한 나라가 인도만이 아닌 건데요, 독립 전까지 인도와 역사를 공유한 파키스탄, 페르시아 나디르 샤의 후손인 이란, 코이누르가 잠시 머문 아프가니스탄까지 코이누르가 자국의 재산이라고 주장합니다. 몇 나라는 소송까지 제기해서 영국을 곤혹스럽게 하고요.

이런 상황이 알려주는 교훈은 분명합니다. 역사의 단추를 잘못 끼우면 언젠가는 문제가 된다고요. 다이아몬드는 영원해도 인간 세계는 영원하지 않으니까요. 여러분은 코이누르가 어디로 가야 한다고 생각하시나요?

# 궁전 같은 집
# 5,000채

우리는 아주 큰 집을 대궐 같다고 말합니다. 인도 남부 지방의 한 시골에는 최소 600평인 궁궐 같은 저택이 5,000채가량 모여 있습니다. 자그마치 76개 마을에요(74개 마을, 두 개 읍). 집주인들의 카스트인 체티아르를 따서 '체티아르의 땅'이라는 뜻의 체티나드라는 곳입니다. 체티아르는 남부 지방에 고유한 상인 카스트인데요, 여기 체티아르들은 '시골에서 궁궐과 같은 집에 사는 사람'이라는 의미로 나투코타이 체티아르라고 불리지요. 이번에는 덥고 건조한 시골 땅에 수천 채 맨션이 들어선 역사와 사정을 알아보겠습니다.

근대에 가장 성공한 상인 집단으로 평가되는 체티아르들은 외국에서 대금업과 무역업으로 부를 쌓았습니다. 1800년경부터 1940년대 중반까지 150년가량을요. 그들이 활동한 지역은 미얀마의 양곤, 싱가포르, 말레이시아의 페낭, 스리랑카의 콜롬보, 베트남의 사이공 등 주로 식민지 항구 도시였습니다. 미얀마에서 영국의 중개인으로 성공하자 다른 식민지로 영역을 넓힌 체티아르 상인들은 영국이 인도와 동남아를 식민화하고 경제력을 확대하는 시대적인 흐름을 잘 이용했지요.

미얀마에서는 무역과 플랜테이션, 대금업으로 돈을 모았습니다. 주로 쌀 경작에 필요한 돈을 직접 대거나 농사 자금을 빌려주었지요. 미얀마가 경작지와 생산량을 빠르게 늘리면서 쌀의 산지로 유명해진 데는 체티아르의 지분이 큰데요, 직접 투자하거나 빚을 갚지 못한 사람의 저당 잡힌 땅과 재산을 차지하면서 그들은 한때 미얀마의 논 30퍼센트 이상을 소유했습니다.

체티아르들은 싱가포르에서 1820년대에 대금업을 시작했습니다. 오늘날 싱가포르 금융가가 된 마켓 스트리트에서 300~400개의 소규모 금융 회사를 운영한 그들은 점포를 새로 열거나 비즈니스를 시작하는 소상공인에게 창업 자금과 운영 자금을 빌려주었지요. 고객들이 문턱이 높은 유럽 은행보다 접근이 쉽고 절차가 간단한 그들을 선호해서 그들의 사업은 날로 번창했습니다. 동남아의 많은 중국인 사업가들이 체티아르 상인에게서 자금을 빌려서 창업하고 성공을 일군 건 또 다른 이야기지요.

체티아르 상인들은 저리의 대금업과 무역업은 물론이고 차와 커피, 고무와 주석의 플랜테이션으로 많은 돈을 모았습니다. 최전성기인 1800년대 말, 이들이 동남아 등지에 소유한 자산은 약 20억 달러로 2조 3,000억 원이 넘었다고 합니다. 그중 절반이 미얀마에 있었다고 추산하고요. 카스트와 친족 네트워크로 상호 의지하며 사업에 성공한 체티아르 상인들은 싱가포르의 발전과 동남아의 농촌 지역이 서구 경제와 연결되며 도시화하는 과정에 중요한 역할을 했다는 세평입니다.

체티아르들은 큰돈을 벌자 1840년대부터 고향에 독특한 저택을 세웠는데요, 3년에 한 번씩 귀국하는 가장을 기다리며 집에 남은 여인과 아이 들을 안전하게 지키려고 크고 멋진 집을 지었습니다. 건축에 20년이 걸릴 정도로 돈과 공을 들였지요. 미얀마의 고급 목재인 티크와 새틴우드, 유럽산 대리석과 유리를 아낌없이 썼습니다.

최근에 헤리티지 호텔로 탈바꿈한 한 저택에는 무려 300톤의 티크와 100톤의 새틴우드가 들어갔습니다. 넓은 안마당과 더불어 70~80개 방을 가진 2층 이상의 체티나드 저택들은 가장 작은 집이 600평이고 가장 큰 집이 축구장 크기인 2,000평인데요, 그들이 외국에서 어느 정도 성공했는지는 집만 보아도 짐작할 수 있습니다.

하지만 영원히 계속되는 아름다운 노래는 없나 봅니다. 일본이 침략자가 되어 동남아를 점령한 시기부터 쇠락이 시작된 체티아르들의 사업은 영국이 떠나고 여러 나라가 독립하면서 설 자리를 잃었습니다. 각국에서 발흥한 민족주의는 외국인 은행가에 대한 반감으로 이어졌지요. 돈을 번 그들이 수익을 다 인도로 보내고 현지

투자가 없다는 주장이 먹히면서 체티아르 상인들의 재산은 몰수당했는데요, 그렇지 않은 싱가포르에서도 이율이 떨어지고 수익이 나지 않자 대다수가 귀국길에 올랐습니다.

그들에게 닥친 또 다른 문제는 1840년대부터 100년 동안 연이어 들어선 왕궁 같은 큰집이 큰 짐이 된 점이지요. 1년 내내 열대 지방의 땡볕을 받는 건조 지대의 고택은 낡아가는데도 유지·보수가 쉽지 않고 무엇보다 규모가 커서 관리가 어려웠습니다. 더는 부자가 아닌 많은 집주인이 집을 방치했고, 아름다운 저택은 하나둘씩 주저앉았는데요, 한때 96개 마을 1만 5,000채에 달했던 체티나드 저택들은 21세기 초가 되자 그 3분의 1로 줄었습니다.

이후 체티나드의 보존에 관심을 둔 유네스코 등 여러 기관과 단체가 생겨나면서 쇠락의 속도가 다소 둔화했는데요, 일부 저택은 호텔이나 레스토랑으로 변신하면서 시대 변화에 적응합니다. 옛날로 돌아갈 수 없다는 걸 잘 아는 체티아르 상인들도 경제와 문화, 교육 등 다양한 분야에서 나름의 몫을 다하고요.

역사는 체티아르들의 경우처럼 흥망성쇠를 반복하며 계속되는데요, 최선은 그 속에서 교훈을 끌어내며 시행착오를 조금씩 줄이는 겁니다.

# 인도산 직물은
## 진짜 명품

영국이 인도에 온 건 1606년이었습니다. 서해안에 내린 호킨스는 배와 부하들을 해적에게 빼앗기고 시종 한 명과 함께 무굴 제국의 수도를 찾았지요. 교역권을 달라는 영국 왕의 편지를 전달했으나 모든 걸 다 가진 대제국의 반응은 무관심이었습니다. 자한기르 황제는 술친구를 해주면 고려해보겠다고 답했고 호킨스는 몇 년간 그렇게 했으나 뜻을 이루지는 못했지요. 영국이 교역권을 따낸 건 나중이었습니다.

영국이 열세인 초기의 동인도 회사는 인도에서 직물을 수입하여 유럽에 팔아 수익을 냈는데요, 영국이 수입한 인도산 직물은 1670년 36만 파운드에서 1740년 200만 파운드로 늘어났습니다. 인도 직물이 당대 최고의 상품이었지요. 프랑스의 역사가 페르낭 브로델이 《문명과 자본주의》에서 "인도의 면직물 산업은 영국에서 산업 혁명이 일어날 때까지 상품의 양과 질, 수출액에서 세계 최고였다"라고 적었을 정도로요.

그래서 유럽에서 인기를 누린 직물의 이름은 다 인도에 기원을 두었습니다. 모슬린, 칼리코스, 사라사 무명, 홀치기 염색으로 만든 반다나, 올이 굵은 당거리 무명, 줄무늬나 바둑판 무늬의 무명 깅엄, 광택이 나는 태피터는 영어 사전에 이름이 오른 인도산 직물입니다. 비단에 수를 놓거나 금사와 은사를 넣어 짠 직물, 그림을 그리거나 판화를 찍은 옷감 등 인도에서 생산된 직물의 종류는 150가지가 넘었는데요, 지난 1,000년간 동서양을 오간 최고의 수출 상품이 될 만했습니다.

오로지 무역만 하던 영국이 인도 동부 지방에서 정권을 잡은 건 1700년대 중반이었지요. 벵골 지방은 질 좋고 값싼 직물로 유명했습니다. 당시 영국으로 수출되는 직물의 최대 공급지였고요. 벵골의 항구 도시 다카에는 좋은 상품을 사려는 외국 무역업자들이 몰려들었습니다. 초기에는 영국 총수입의 12퍼센트가 벵골 직물이었으나 1600년대 말에는 40퍼센트로 늘었고 정권을 잡을 무렵에는 66퍼센트에 달했지요. 영국이 벵골에서 권력을 탐할 동기가 충분했다고나 할까요?

가장 인기 있는 벵골산 직물은 모슬린이었습니다. 고대 이집트 파라오들의 미라를 쌌고 로마의 귀족 여인들이 몸의 곡선을 드러내려고 애용했다는 주나라는 이름의 모슬린이 다카의 특산물이었는데요, 빨면 빨수록 결이 좋아진다는 다카산 모슬린은 1파운드의 솜으로 400킬로미터의 실을 뽑아 짰습니다. 1875년 영국 왕세자가 방문했을 때 선사받은 '저녁 이슬'이라는 모슬린은 1야드의 무게가 10그램으로 새털처럼 가벼웠다고 전해지지요.

벵골 지방 다카의 모슬린이 최상품이 된 건 세계에서 가장 좋은 면화가 인근 지방에서 재배되었기 때문입니다. 수출이 많았던 1776년의 다카에는 2만 5,000명의 직공이 직물 산업에 종사했고, 약 8만 명의 여성들이 실을 자았습니다. 30세 이하의 젊은 여성이 최고의 직공이었지요. 시력 좋은 나이대의 직공이 질 좋은 제품을 만든다고 여겨서였습니다. 학자들은 다카의 직공이 동시대 영국의 직공보다 생활 수준이 높고 재정적으로 안전했다고 평가했지요.

하지만 그 최상품은 영원하지 않았습니다. 1800년대 초에 초기 산업 혁명을 이루어낸 영국이 모슬린의 경쟁력을 떨어뜨리려고 80퍼센트의 세금을 부과했고, 모슬린 직조에 쓰이는 미세한 실을 꼬지 못하게 숙련공의 엄지를 잘라버렸거든요. 1820년대에는 보호 관세로 인도산 직물이 영국에 입국하는 걸 막았고요. 그 덕에 두 나라의 전세가 역전되었습니다. 저렴한 영국산 공장제 직물이 인도에 대거 수입된 겁니다. 1786년에 156파운드에 불과하던 영국산 직물의 인도로의 수입액은 1856년에 630만 파운드까지 급증했는데요, 그 여파로 고대부터 유명했던 인도의 수직 산업은 몰락의 길을 걸었습니다. 직공들은 일자리를 잃고 가난해졌지요.

여러분은 간디가 허리만 가린 옷감을 두르고 물레를 돌리는 모습을 기억할 겁니다. 20세기 반영 운동이 거세지자 떠오른 중요한 이슈가 영국에서 수입한 직물의 불매 운동, 즉 스와데시 운동이었지요. 간디는 "외국에서 만든 옷감을 입는 건 죄악입니다. 외국산 옷감이 인도를 가난하게 만들었거든요. 이제 영국 직물을 불태우며 우리의 치욕을 불사릅시다!"라고 외쳤습니다. 그의 유토피아는 방직 공장이 없는 마을 공동체였는데요, 물레를 돌려 손으로 짠 직물을 지칭하는 카디는 영국이 오기 이전의 인도, 인도인을 가난하게 만든 영국의 방직 산업에서의 경제적 독립을 상징했습니다. 인도인의 호응도 전국적으로 거셌지요. 1920년 간디가 주도한 스와데시 운동으로 영국산 직물의 수입이 이듬해 절반으로 줄었습니다. 영국이 놀랄 만큼요. 인도가 공식적으로 독립한 건 한참 뒤였으나 정신적 스와라지는 이때부터라고 보아야 합니다.

세계 최고의 상품을 수출하며 부를 누린 인도는 서구 세력이 활약한 지난 2세기 동안 힘든 시간을 보냈습니다. 식민지 경험의 트라우마로 독립한 뒤에도 세계와 담을 쌓고 사실상 고립 정책을 따르면서요. 그 인도가 새로운 상품과 기술, 인적 자원을 들고 강대국으로 떠오르고 있습니다. 1991년 글로벌 세상에 닫힌 문을 개방한 지 사반세기 만에요. 저력이라는 말은 이런 경우에 써야 합니다.

# 세계사를 바꾼 후추

'역사가 역설을 좋아하나?'라는 생각이 들 때가 있습니다. 대개는 좋은 걸 많이 가진 사람이나 나라가 잘살지만 좋은 걸 많이 가져서 패자가 된 역설적인 경우를 역사에서 자주 만나니까요. 세상의 모든 걸 가진 인도가 그랬습니다. 독특한 맛과 향기를 지닌 후추의 산지이자 향신료 교역으로 부를 누린 인도는 후추 때문에 서구의 탐험 대상이 되고, 결국 서구에 정복되고 지배받는 불행한 역사를 가졌지요. 그 역설의 역사를 소개하겠습니다.

1498년 5월의 더운 날, 인도 서남부 해안의 한 어촌에 낯선 배가 닻을 내렸습니다. 모래사장에 발을 디딘 일행의 대표가 현지인들에게 말했지요. "우리는 향신료를 찾아왔습니다"라고요. 흰 피부에 높은 콧대를 가진 사람들이었습니다. 포르투갈의 바스쿠 다가마였지요. 그의 도착은 인도 역사뿐만 아니라 세계사의 물줄기를 바꾸었습니다.

다가마는 고향을 떠난 지 3년 만에 항구 도시 캘리컷에 도착했는데요, 포르투갈에서 아프리카 대륙의 남단을 돌아 인도양을 가로지르는 긴 항해의 끝이었지요. 괴혈병과 폭풍에 시달린 많은 선원이 도중에 죽었습니다. "우리는 향신료를 찾아왔습니다." 향신료가 과연 수많은 사람의 목숨을 걸 만한 가치가 있었을까요?

그리스의 철학자 플라톤은 "후추는 양은 적어도 가치는 엄청나게 크다"라고 말했습니다, 그 가치를 우회적으로 설명해보지요. 다가마는 캘리컷의 왕에게 포르투갈 왕이 보낸 선물을 바쳤습니다. 빨간색 모자와 구리로 만든 대야였지요. 금은보화로 치장한 왕은 그걸 보고 웃음을 터트렸습니다. 너무도 볼 것이 없어서요. "가난한 상인도 그보다 나은 선물을 바칠 겁니다"라고 신하들도 실망을 감추지 못했습니다.

그래서인지 《중국의 과학과 문명》이라는 유명한 책을 쓴 영국의 조지프 니덤은 "동양과 서양의 격차는 다가마의 첫 캘리컷 방문으로 여실히 증명되었다"라고 썼습니다. 역설적이지만 이때부터 동양의 우세가 역전되었지요.

당시 해상 강국인 캘리컷은 부국이었습니다. 빨간 모자를 선물 받은 왕은 포르투갈 왕에게 보낸 답장에서 "우리나라에는 정향, 생강, 계피, 후추, 보석이 풍부합니다"라고 자랑처럼 적었는데요, 그의 말대로 캘리컷은 동남아와 스리랑카에서 실려 온 각종 향신료와 인도산 후추가 선박에 실려 지중해로 떠나는 향신료 무역의 중심지였지요. 자유 무역항인 캘리컷에서 3개월간 머문 다가마도 1,500척의 대규모 선박이 향신료를 사 가려고 항구에 정박 중인 걸 보았습니다.

캘리컷의 중요성은 향신료 중에서 가장 비싼 후추에서 나왔는데요, 후추는 전 세계에서 오직 캘리컷 인근에서만 생산되었습니다. 두 번의 몬순으로 많은 비가 내리는 지역이라 후추 생산에 최적이었으니까요. 그래서 후추의 영어 이름 페퍼는 인도의 산스크리트어 피팔리에서 기원합니다. 고대 이스라엘의 솔로몬 왕이 후추를 얻으려고 인도에 배를 보냈다는 기록이 있는 걸 보면 후추의 생산이 오래된 걸 알 수 있고요.

인도가 독점 생산하는 후추는 값이 비싸고 중요한 상품이라 때로 화폐로도 사용되었습니다. 그래서 후추 하나가 진주 한 알과 가격이 비슷할 정도로 고가의 상품이었지요. 유럽에서는 후추를 넣은 음식이 부의 상징이었고 부자들만 애용했습니다. 당연히 향신료 무역은 수지가 맞는 장사였는데요, 목숨을 걸 만한 가치가 있었습니다. 그런데 당시의 후추 무역을 장악한 아랍인은 후추와 여타 향신료의 산지를 비밀에 부치고 그걸 얻는 과정이 매우 위험한 것처럼 과장하여 큰 이익을 냈습니다.

그러자 해상 강국인 스페인과 포르투갈이 후추와 정향이 나는 인도를 찾아 나섰지요. 포르투갈의 다가마는 동쪽으로, 스페인의 콜럼버스는 서쪽으로 미지의 땅 인도를 향해서 떠났는데요, 인도에 도착한 다가마가 많은 양의 후추를 싣고 이듬해 귀환하면서 국가적 영웅이 되었습니다. 그는 단 한 번의 여행으로 큰 재산과 귀족의 위상을 얻었지요.

포르투갈은 이후 인도양을 장악했습니다. 비무장 선박이 오가던 인도양에 사상 처음으로 무력을 도입해서요. 포르투갈은 두 번째의 인도 항해에 13척의 무장선을 보냈고, 다가마가 이끈 세 번째 항해에는 대포가 장착된 20척을 보내 인도의 여러 항구를 공격했습니다. 많은 인명과 재산 피해를 남기고요. 군사력으로 인도의 후추 생산과 무역 독점권을 넘겨받은 포르투갈은 캘리컷 북쪽의 고아, 동남아 향신료의 집산지 말라카, 중국의 마카오를 점령하며 승승장구했습니다.

영국은 포르투갈의 성공에 자극받아서 동인도 회사를 만들어 바다에 뛰어들었는데요, 결국 포르투갈을 물리치고 후추와 향신료의 중심지인 캘리컷을 차지했습니다. 한참 뒤에는 인도 전역을 지배하게 되었고요.

1998년은 다가마가 인도에 도착한 500주년이었습니다. 인도와 포르투갈에서는 각기 다른 성격의 큰 행사가 열렸지요. 포르투갈에서는 다가마를 국민적 영웅으로 기리는 축하 행사가 벌어졌으나 인도의 해안 지역에서는 그의 꼭두각시를 불태우고 검은 깃발을 든 항의 행진이 이어졌습니다. 유럽의 기준으로 세계사적 인물인 다가마가 인도에서는 폭력을 행사하고 식민주의를 초래한 악마로 불리기 때문이지요. 하나의 사건이 보는 자에 따라 이렇게 달라집니다. 역시 역사는 역설적인가요?

# 7성급 호텔,
# 타지마할

혹시 타지마할을 보셨는지요? 타지마할이라고 하면 무굴 황제 샤 자한이 아내를 위해 지어 올린 아름다운 묘를 생각하실 텐데요, 인 도에는 유명한 타지마할이 하나 더 있습니다. 서해안의 대도시 뭄 바이에 있는 호텔 타지마할이지요.

아라비아해를 마주한 타지마할 호텔은 1903년에 문을 열었으 니 1세기를 훌쩍 넘겼는데요, 인도에서 가장 오래된 호텔입니다. 그렇다고 낡고 어두컴컴한 건물을 상상해서는 안 됩니다. 현재 나 라 안에서 가장 숙박비가 비싼 호텔이자 가장 유명한 호텔이거든 요. 붉은 돔과 뾰족한 첨탑을 가진 바로크 양식의 호텔 본관은 동화 속의 공주가 사는 궁전처럼 보입니다. '흰 코끼리'라는 상서로운 별 명을 가질 만한데요, 호텔은 시작부터 "타지마할과 비교할 수 있는 호텔은 이 세상에 없다"라는 신조를 지켜왔습니다. 대단한 자부심 이지요? 그건 아마도 호텔의 탄생과 무관하지 않을 겁니다. 호텔을 세운 잠세트지 타타는 영국이 지배하는 인도에서 오직 국내의 자본과 기술로 1910년대 철강 회사를 세운 애국적인 기업가였습니다. 현재 인도 최대 기업 그룹인 타타의 창업자입니다. 호텔이 철강회사보다 먼저 세워졌지만요.

그에게는 호텔의 개관이 애국이자 식민주의에 대한 저항이었습니다. 잠세트지 타타의 전기를 쓴 작가는 그가 뭄바이에 최고급호텔을 지은 가장 큰 이유를 애향심이라고 적었는데요, 잠세트지가 인도인이라는 이유로 시내 호텔에서 숙박을 거절당한 뒤였지요. 당시 식민지 인도에서 인도인이 들어갈 수 있는 호텔은 하나도 없었습니다. 인도인으로 최초의 호텔을 설립한 타타가 처음부터 내국인의 출입을 허용한 건 영국 지배에 대한 비판이었지요.

타타는 바다를 메운 땅에 최고급 자재로 호텔을 지었습니다. 중앙의 돔에 길고 높은 통로를 만들어 시원한 바닷바람이 건물 안을 드나들도록 만들었지요. 저도 여기서 묵은 적이 있는데요, 마치 바다에 떠 있는 기분이었습니다. 투숙객이 배를 타는 기분을 느끼도록 객실을 해수면보다 수 미터 높게 설계해서지요. 모든 객실이 바다를 향해 있어서 전망이 아주 뛰어납니다. 모든 객실의 전망을 확보하려고 파격적으로 호텔의 정문을 건물 뒤편에 두었거든요.

"로마는 하루아침에 이루어지지 않았다"라는 말이 있지만 타지마할 호텔은 개장하자마자 세계 일류 호텔의 반열에 올랐는데요, 카이로에서 싱가포르 사이에 타지마할에 비길 호텔은 없다는

타지마할 호텔의 본관 전경

말을 들었습니다. 다시 말해 동양 최고였지요. 창업자가 많은 공을 들인 결과였습니다. 호텔의 비품을 외국에서 몸소 하나씩 사들였지요. 소다수와 얼음을 만드는 기계, 세탁기와 승강기, 발전기도 구매했습니다. 1900년대 초에 말이지요. 도시에서 가장 먼저 전기를 사용한 건물이 타지마할 호텔이었습니다.

창업자는 언젠가 외국인의 인도 방문을 유인하려고 고급 호텔을 지었다고 말했는데요, 후계자들은 인도를 찾는 해외여행객이 증가하자 본관 옆에 신관을 세웠습니다. 수도 델리와 타지마할 무덤이 있는 아그라 등 여러 도시에 타지마할 호텔의 체인을 열었고요. 주목할 건 이들 호텔에는 해당 지역의 수공업자와 장인 들이 만든 비품을 비치한 점입니다. 호텔은 현지인과 함께한다는 그 원칙을 지금까지 고수합니다.

창업자의 뜻대로 호텔의 명성이 높아지자 오직 타지마할 호텔에 묵으려고 인도를 방문한 외국인들도 생겼습니다. 유명한 작가와 배우 들이었지요. 1980년에 머문 미국의 영화배우 그레고리 펙은 타지마할 호텔이 "보석이 박힌 왕관과 같다"라고 극찬했습니다. 할리우드 영화 〈미션 임파서블 4〉의 무대로도 전 세계에 소개되었지요.

타지마할 호텔은 나라 안 최고의 상업 도시 뭄바이의 상징적 건물인데요, 인도의 경제 발전을 상징합니다. 그래서인지 2008년에는 경쟁국 파키스탄 테러리스트들의 공격을 받고 건물이 불타고 30여 명의 투숙객이 사망하는 큰 피해를 보았습니다. 호텔이 보수를 끝내고 다시 문을 열자 당시 인도를 방문한 미국의 오바마 대통령이 호텔에 투숙하여 그동안의 명성을 인증했지요. 오바마는 호텔의 테라스에서 가진 연설에서 타지마할 호텔이 인도인의 지닌 힘과 유연성을 상징한다고 말했는데요, 많은 박수를 받았습니다.

지금도 타지마할 호텔은 최고의 수준과 최상의 서비스를 자랑하며 사람들을 유혹합니다. "아직 인도에 가보지 않았나요? 그렇다면 가세요! 타지마할 하나만 보아도 인도에 갈 의미가 충분하답니다!" 누군가 뭄타즈 왕비가 잠든 타지마할 무덤에 대해 이렇게 말했습니다. 이 표현을 타지마할 호텔에 써도 좋을 텐데요, 아름다운 왕비가 묻힌 타지마할에 붙은 '모든 꿈이 지나가는 곳'이라는 수식어처럼 타지마할 호텔은 모든 여행자가 묵고 싶어 하는 곳이니까요.

# 배달의 기수와
# 엄마표 집밥

"남편의 사랑은 위장에서 나온다"라는 인도 속담이 있습니다. 맛있는 음식을 해주는 아내를 사랑하지 않는 남편이 없다는 뜻이지요. 요즘에는 일하는 여성이 늘면서 맛있는 집밥을 먹는 사람들이 줄어듭니다만 바쁜 오전 일과를 끝낸 점심시간에 어머니와 아내가 만든 따뜻한 집밥을 먹으며 한숨을 돌릴 수는 없을까요?

그래서 집밥을 직장으로 배달해주는 서비스업이 생겨났습니다. 근대화와 도시화가 막 시작된 19세기 말 뭄바이에서였지요. 배달업의 선두 주자인 셈입니다. 그동안 인구 2,000만 명이 넘는 최대 상업 도시가 된 뭄바이와 운명을 같이한 집밥 배달업은 지금도 성업 중입니다. '집밥의 향기'를 사무실에 배달하는 단순한 사업이 세기를 넘어서 살아남은 이유와 비결은 무엇일까요?

먼저 사진에 보이는 이들이 집밥을 직장에 배달하는 사람들입니다. 도시락(다바)을 다루는 사람(왈라)이라는 뜻으로 다바왈라고 불리지요. 뭄바이에서는 흔히 볼 수 있는 사람들입니다. 흰색 '간디

모자'를 쓴 다바왈라가 5,000명이 넘고 매일 약 20만 개의 도시락을 배달하는데요, 시민들은 도시의 역사가 된 바쁜 그들에게 선뜻 길을 비켜줍니다. 점심시간 전에 배달을 끝내야 한다는 걸 잘 아니까요.

이들은 1997년 미국의 《포브스》에서 처음으로 언급된 이래 세계적으로 수많은 TV 프로그램에 나왔습니다. 인도의 경영대학원들과 미국의 하버드대학 경영대학원은 학술적으로 연구하고 학과목으로도 채택했고요. 그들을 연구해서 박사 학위를 받은 사람도 여럿입니다. 그들 연구의 공통 관심은 급변하는 시대에 다바왈라들이 어떻게 살아남았는가인데요, 유명한 국제 배송업체인 페덱스에서 그 비법을 연구했을 정도로 경쟁력이 여전합니다.

이들의 사업은 단순하지요. 자식이나 남편을 출근시킨 어머니와 아내는 잠시 쉰 뒤에 점심밥을 준비해서 9시경에 집을 방문하는 배달부에게 건넵니다. 배달부는 각 가정에서 수집한 도시락을 목적지별로 분류하여 기차에 싣는데요, 우체국 코드 시스템과 비슷한 수집·분류 작업은 영업 비밀이라서 외부에는 알려지지 않습니다. 기차를 타고 이동한 배달부들은 목적지 인근 역에서 하차하여 동네별, 빌딩별로 도시락을 분류하여 점심시간 직전에 정확히 수령인의 사무실 책상에 올려놓지요.

놀랍게도 배달 실수가 없습니다. 조사에 따르면 지금까지 배달

실수는 600만 개 중 단 하나로 성공률이 99.9999퍼센트, 식스 시그마율인데요, 우리나라에서도 개봉된 인도 영화 〈런치 박스〉는 이단 한 번의 실수가 낳은 로맨스를 그렸습니다. 바람을 피우는 남편을 위해 만든 한 가정주부의 맛있는 도시락이 실수로 퇴직을 앞둔 홀아비 공무원에게 배달되면서 이야기가 전개되지요. 자신이 만든 도시락이 다른 이에게 배달되었다고 항의하는 여주인공에게 다바왈라는 "그건 불가능해요"라고 대답합니다.

세상에 서비스업은 많습니다. 그런데도 다바왈라들이 주목받는 것은 배우지 못한 그들이 '임파서블'한 성과를 내기 때문이지요. 성공 비법이 특별한 건 아닙니다. 먼저, 저렴한 배달료를 들 수 있는데요, 한 달 요금이 우리 돈으로 수천 원에 불과합니다. 도보, 자전거, 도시 철도를 이용하므로 원가를 절감할 수 있어서지요. 배달료는 각자가 개인 사업자인 다바왈라가 고객과 협상으로 결정합니다. 1인당 매일 20~30개의 도시락을 배달하고 경력에 따라 월 15만원에서 30만 원의 수입을 올리는데요, 대체로 괜찮은 벌이로 여겨진다고 합니다.

두 번째, 하버드대학의 연구가 알려주듯 배달하는 사람이 가장 중요합니다. 카스트와 고향은 물론 언어와 종교가 같은 다바왈라들은 가족처럼 지내며 인화와 팀워크를 자랑하지요. 아침마다 "고객은 왕이 아니라 대왕"이라고 외치는 그들은 음식 배달을 신에 대한 숭배로 여기며 정성을 다합니다. 2005년 홍수로 온 도시가 물에 잠겼을 때는 장대비와 가슴 높이로 차오른 물길을 헤치고 점심밥을 배달했습니다. 2008년 테러리스트의 공격으로 도시가 마비되었을 때도 그들은 임무를 완수하여 신뢰도를 높였지요.

그런 다바왈라들에게는 팬들도 생겼습니다. 가장 유명한 팬은 영국의 왕세자인 찰스인데요, 2003년 뭄바이를 방문한 그는 배달부들을 만나려고 기차역에서 여러 시간을 기다렸습니다. 귀하신 몸이지만 '정시 배달'로 몸이 바쁜 다바왈라들의 동선에 맞추려고요. 다바왈라들을 자신의 결혼식에 초대했던 왕세자는 지금도 다바왈라들과 연락을 주고받습니다. 디지털 시대에 아날로그적 진정성을 인정한 찰스 왕세자는 은연중 그들의 사업을 광고한 셈이 되었고, 그래서 다바왈라는 널리 알려졌습니다.

배달업은 지금도 번성 중입니다. 거리를 메우며 늘어나는 자동차, 일하는 여성의 증가, 점심 배달 서비스를 시작한 다국적 외식업체 등 다바왈라들을 위협하는 요인이 많아졌지만요. 그들이 당장 영향을 받지 않는다는 전망도 나왔습니다. 외식이 비싸고 건강에 좋지 않다는 사람이 여전히 많으니까요. 어디 출신이냐에 따라 금기 음식과 조리 방법이 달라서 타인이 만든 음식을 꺼리는 문화도 여전하고요.

아무리 경제가 발전하고 과학 기술이 진화해도 가족이 만든 음식만큼 마음과 정성이 담긴 음식은 나오지 않을 겁니다. 그래서 근대 이전의 인도에서는 정성을 들이지 않은 음식을 돈을 받고 파는 걸 죄악으로 여겼습니다. 죽은 뒤에 지옥에서 머무른다고요. 집밥의 향기를 배달하는 다바왈라들의 소박한 직업의식이 특별한 건 그래서인데요, 다신 맛볼 수 없는 돌아가신 어머니의 따듯한 밥상이 그립습니다.

# 세계 최초의
## 무상 급식

한때 무상 급식에 대한 논쟁이 우리나라를 휩쓴 적이 있는데요, 학생에게 먹은 만큼 값을 치르게 하는 것이 교육이라는 주장과 급식비를 덜 내거나 안 내는 학생에게 위화감을 주는 것이 비교육적이라는 의견이 팽팽하게 맞섰습니다. 둘 다 일리가 있는 주장입니다만 그렇다면 가난한 사람이 많고 그래서 가난한 학생이 많은 인도에서는 이 문제를 어떻게 풀어갈까요?

사람들이 느려서 변화에 역기능적이라는 선입견과 달리 영토가 넓고 사람도 많은 인도는 세계 최초라는 수식어가 붙는 항목이 많습니다. 가장 믿기 어려운 사실은 조만간 세계 최대의 인구 대국이 될 인도가 세계 최초로 인구 정책을 시행한 나라라는 겁니다. 무상 급식도 인도가 세계에서 가장 먼저 시작했고요. 일찍이 1956년에요.

여기에는 숨은 사연이 있습니다. 당시 남부 지방 타밀나두주의 수상이 시골을 순방하다가 한 소년을 만났는데요, 들판에서 소에게 풀을 뜯기는 소년은 "이 시간에 학교에 가지 않고 여기에 있느냐"라고 묻는 수상 일행에게 무심하게 대답했습니다. "학교에 가면 먹을 것을 주실래요? 먹을 수 있다면 저도 배울 겁니다"라고요.

무언가 깨달은 주 수상은 곧 가난한 학생들에게 무상 교육과 무상 급식을 제공하는 정책을 시작했습니다. 물론 재정 문제로 오래가지 못했지만요. 시작이 반이라던가요? 소년에게 깊은 영감을 받은 주 수상은 몇 년 뒤에 무상 급식을 부분적으로 재개했습니다. 선거를 의식한 인기 영합적인 정책이라는 비판을 받으면서도요. 수상이 영화배우 출신이라서 무상 급식 정책을 팬 서비스라고 폄훼하는 이들이 많았습니다.

하지만 무상 급식을 시행한 뒤에 좋은 결과가 나오자 그런 비판은 점차 사라졌는데요, 초등학교의 취학률과 출석률이 증가했고 퇴학생이 줄어들었습니다. 아동의 영양 상태도 전반적으로 좋아졌지요. 그에 자신감을 얻은 타밀나두 정부는 무상 급식 프로그램을 전면적으로 확대했습니다.

1980년대에는 타밀나두를 지켜본 구자라트 등 두 개의 주 정부가 무상 급식에 나섰습니다. 1990년대에는 무상 급식을 시행하는 주 지방이 12개로 늘어났고요. 물론 무상 급식이 인기 영합주의라는 논쟁은 끊이지 않았습니다. 결국 소송이 벌어졌지만 2001년 연방 최고 법원이 모든 주 정부는 초등학생에게 점심밥을 제공하라고 판결하여 논쟁을 끝냈습니다. 그 결과로 무상 급식은 2004년부터 전국적으로 시행되었지요.

인도는 세계에서 가장 많은 학생에게 점심밥을 무상으로 제공하는 나라입니다. 약 1억 4,000만 명으로 초등학교 1학년에서 8학년(만 13세 이하)까지의 모든 학생이 대상인데요, 급식비는 연방 정부가 75퍼센트, 각 지방 정부가 25퍼센트를 부담하는 형태입니다. 지방 정부에 따라 분담률이 다르고, 급식 담당자에게 많은 급료와 연금까지 주는 지방 정부와 부정부패로 열악한 상태의 급식을 제공하는 지방으로 갈라지지요. 그래서 무상 급식을 최초로 시작한 타밀나두가 가장 재정 지원이 많고 전국 최고 수준의 급식을 제공합니다.

무상 급식에 대한 세간의 평가는 어떨까요? 대체로 성공적이라는 평입니다. 학생의 취학률과 출석률이 늘고 중도 퇴학생은 줄었으니까요. 아이들의 영양 상태와 성적도 좋아졌고요. 가장 괄목할 만한 순기능은 소외된 계층, 즉 부족민과 하층민의 자식과 여자아이의 등교가 많아진 겁니다. 아동에게 밥을 먹이는 일을 미래에 대한 투자로 보는 사람들이 증가한 것도 중요하지요. 그래서 기부와 자원봉사로 무상 급식에 적극적으로 동참하는 사람이 많아졌습니다. 종교 단체와 자선 기관, 사기업들도 나서고요.

또 하나 언급할 점은 무상 급식으로 인한 사회 변화인데요, 전국에서 약 200만 명의 여성이 학교 급식과 관련된 일자리를 얻었습니다. 가족을 홀로 부양하는 여성 가장들이 많고 대다수는 하층 카스트에 속하지요. 그들이 학생 전체가 먹는 음식을 조리하고 배식하면서 카스트 제도의 오랜 금기가 깨지는 중입니다. 자신보다 낮은 카스트가 조리한 음식을 먹지 않는 문화를 가진 상층 카스트 학생들이 급식을 받아들이면서요. 물론 처음에는 급식을 거부하고 집으로 돌아가는 학생이 생기는 등 소란이 있었지만요. 이제는 어디서도 그런 소식은 나오지 않습니다. 이렇게 인도는 다채롭게 변합니다.

# 인도 군인으로
# 서부 전선은 이상 없었다

델리에는 프랑스 파리의 개선문을 닮은 '인디아 게이트'가 있습니다. 42미터 높이의 아치형 석조 대문인데요, 벽면에는 수많은 이름이 새겨져 있습니다. 제1차 세계대전과 영국-아프간 전쟁에서 목숨을 잃은 인도인 군인들의 이름입니다. 무려 8만 5,000명이요. 안타깝게도 그들은 조국이 아닌 식민지배자 영국을 위해 싸웠습니다. 1931년 새 수도를 뉴델리에 건설한 영국이 그들을 위해 전쟁 기념문을 세울 정도로 희생이 컸지요.

인디아 게이트에 이름이 새겨진 영웅들은 대개 유럽, 서아프리카와 중동 등지에서 독일군과 싸웠습니다. 영국군에 속한 인도 원정군은 100만 명이 넘었는데요, 주요 격전지에는 언제나 그들이 있었지요. 그렇게 공과 희생이 큰 인도 군인은 역사에 '이름 없는 영웅'으로 남았습니다. 당시 전쟁을 다룬 수많은 영화와 문학, 다큐멘터리에는 백인 군인들만 등장할 뿐 그들이 나오지 않으니까요.

역사는 승자의 기록인 동시에 기록을 남길 수 있는 이들의 것입니다. 유색인이자 피지배자로 전쟁터에 나온 그들은 거의 다 문맹이었고 기록도 남기지 못했습니다. 대다수가 농촌 지역에서 급히 모집된 배움 없는 청년들이었으니까요. 인도 군인들은 지역 할당제 등의 강압과 관리들의 감언이설에 넘어간 용병의 신분이었습니다. 제대로 된 훈련이나 무기 없이 전선에 투입되었지요.

1914년 가을에 인도 원정군 약 16만 명이 유럽의 서부 전선에 배치되었습니다. 이후 프랑스와 벨기에서 벌어진 연합군의 승리는 그들의 공이 지대한데요, 플랑드 이프로, 누부샤펠 등 최대 격전지에서도 크게 활약하며 용맹하다고 널리 알려졌습니다. 그때 인도 군인들이 받은 훈장이 1만 3,000여 개였을 정도로요. 영국의 최고 훈장인 빅토리아 십자 훈장도 11개나 받았습니다.

인도 원정군은 주로 영국 군대 앞의 최전선에서 싸웠고 그만큼 전사자가 많았지요. 열대 지방 출신인 그들은 유럽의 추운 겨울과 종교적으로 금지된 낯선 음식으로 고생했습니다. 인도인 부상병은 백인 군인보다 나쁜 대우를 받았고요. 영국군이 피부가 검다고 경멸적으로 블랙페퍼(검은 후추)로 부른 인도 원정군은 글을 몰라서 고향에 편지를 보내지도 못했습니다. 그들은 주로 대필로 편지를 보냈고 당국의 검열로 배달되지 않은 편지로 힘들었지요. 인도 군인들은 4년을 진짜 적인 독일군과 다른 적인 차별과 싸웠습니다.

그런데도 영국은 전쟁이 끝나자 자치권을 주겠다는 전쟁 전의

제1차 세계대전 중 프랑스에서 싸우는 인도 라지푸트 보병대

약속을 지키지 않았지요. 외려 강압 정책을 폈습니다. 그래도 모두 나쁜 건 아니었지요. 휴가를 보내거나 부상으로 치료를 받는 병원에서 전쟁 중의 유럽을 목격한 젊은이들은 안목을 넓히고 자유의 소중함을 알게 되었으니까요. 그들은 전쟁 전과는 다른 사람으로 고향에 돌아갔습니다. 그리고 일부 청년들은 간디가 주도하는 독립운동에 동참했지요.

물론 그들이 고대하는 독립은 금세 오지 않았습니다. 20년 뒤 제2차 세계대전이 일어났고 다시 200만여 명의 인도인이 전쟁터에 보내졌는데요, 전쟁 중 인도 군인 20만 명이 유럽에서 싸웠고 100만 명이 연합군 극동 사령부가 자리한 인도에서 활동했습니다. 대단하지요? 태평양 전쟁의 막바지에 동남아에서 일본군과 격전을 벌인 인도 군인은 70만 명에 달했습니다. 그중 8만 7,000명이 전사했고 전쟁 포로가 된 사람도 7만 명이나 되었지요.

우리가 주목할 건 일본을 패망으로 이끈 미얀마, 말라야 등 동남아의 결정적 전투에는 늘 인도 군인들이 있었다는 사실입니다. 1945년 8월에 무조건 항복을 선언한 일본의 도쿄에 입성한 연합군 중에도 인도 군인이 많았고요. 그런 공적에도 불구하고 승전국 영국의 지배를 받은 인도는 제2차 세계대전이 끝나고 2년 뒤에 독립했습니다.

한 송이의 국화꽃을 피우기 위해 봄부터 소쩍새는 그렇게 울었나 보다

미당 서정주의 시구를 기억하실 겁니다. 꽃 한 송이 피는 데도 봄날의 소쩍새에서 여름날 먹구름 속의 천둥까지 수많은 인연이 작용한다는 뜻인데요, 우리나라의 광복에도 인도 군인의 도움과 희생이 있었습니다. 어렵게 되찾은 나라를 잘 가꿀 의무와 책임을 여기서도 찾을 수 있지요. 아편 전쟁을 치른 중국에서 아프리카 킬리만자로까지 영국의 제국주의를 위해 100년 넘게 해외로 출병했던 인도 군인을 생각하면 더 그렇습니다. 지켜야 할 조국이 있다는 게 얼마나 다행인지요.

# 주는 것이
# 더 행복

청소년기에 누군가를 짝사랑하며 외우던 유치환 시인의 〈행복〉에는 "사랑하는 것은 사랑을 받느니보다 행복하느니라"라는 시구가 있는데요, 어디 사랑뿐일까요? 용돈이든 선물이든 무언가를 줄 수 있으면 행복하지요. 국가도 마찬가지입니다. 다른 나라를 돕고 지원할 수 있다면 성공한 나라니까요. 우리나라가 선진국의 원조를 받다가 다른 나라를 돕는 위상이 되었을 때 얼마나 뿌듯하던지요.

그런데 인도를 공부하는 저는 "인도가 세계에 무언가를 준 적이 있나요?"라고 물어보는 사람을 의외로 많이 봅니다. 그럴 때는 약간 당황스럽지요. 인도를 불신하고 그 능력을 얕보는 마음이 슬쩍 드러나서요. 인도가 한동안 가난한 나라의 대명사였으니 그런 질문이 지나친 건 아닙니다만, 인도가 마치 옛날부터 태생적으로 가난한 나라인 것으로 보는 건 아쉽습니다.

국제 경제를 연구하는 학자들은 1700년의 인도가 세계 GDP의 22.6퍼센트를 차지하며 세상에서 가장 잘사는 나라였다고 수치로 밝혔습니다. 1600년에는 같은 항목에서 중국에 이어 세계 2위였고요. 그러던 인도가 영국의 200년 통치를 받은 직후인 1952년에는 세계 GDP의 3.8퍼센트만 차지하는 나라가 되었습니다. 이러한 통계는 인도의 빈곤이 인도인의 무능으로만 치부할 수 없다는 걸 시사합니다.

그런데 가난한 나라로 자리 매겨진 인도가 1959년 티베트의 망명 정부를 받아들였습니다. 어려운 처지에서 더 어려운 티베트인에게 누울 자리를 제공했지요. 달라이 라마를 따라 8만 명이 인도로 왔고, 이어진 망명자는 15만 명에 달했습니다. 인도 정부는 북부 지방의 다람샬라 지역에 티베트의 망명 정부를 허용했지요. 남부 지방에는 여러 개의 거주지를 세워주었고요. 그들을 위해 무상으로 학교도 지어주고 건강도 챙겨주며 학생들에게 장학금까지 주었습니다.

하지만 선의의 행동이 좋은 결과를 가져오지는 않았습니다. 인도는 티베트를 받아들인 대가로 1962년 중국과 전쟁을 치렀으니까요. 국지전 개시 한 달 만에 3,000명이 죽고 4,000명이 중국에 포로로 잡히는 굴욕을 맛보았습니다. 그때 자존심을 다친 네루 총리가 명을 앞당겨 사망했다는 소문이 나돌 정도였는데요, 그래도 인도로 온 티베트인과 그 후손들은 원망을 사지 않고 수도를 비롯한 여러 지역에서 잘살았습니다. 지금까지요.

인도에 피난처를 구한 가장 많은 난민은 독립하며 헤어진 방글라데시에서 왔습니다. 1971년 정치 상황이 나빠지면서 1,000만 명 이상의 방글라데시 난민이 인도로 몰려왔지요. 난민 대다수는 국경에서 가장 가깝고 언어와 문화를 공유하는 서벵골 지방으로 몰렸습니다. 그래서 마더 테레사가 사랑을 실천한 서벵골의 주도 콜카타에는 가난한 사람이 정말 많았는데요, 그중 상당수가 방글라데시 난민이었지요. 인구가 넘쳐 곤혹스러운 주 정부도 그들을 내쫓지 않았습니다.

그것이 다가 아니었지요. 소련이 아프간을 침공한 이후에는 약 6만 명의 아프간 난민이 인도로 들어왔고 스리랑카에서 내전이 이어지면서 10만 명이 인도 남부 지방에 피난했습니다. 정식으로 국가가 세워지기 이전의 팔레스타인 상당수도 전쟁 중인 고향을 피해 인도에서 살았지요. 정치적 상황이 불안한 아프리카 여러 나라에서 비동맹의 맹주국을 찾아온 사람들도 여러 지방에서 쉽지 않은 삶을 이었습니다.

인도에서 7년간 유학한 저는 인구가 많고 가난한 이가 많은 나라에서 난민을 자꾸 받는 걸 경이롭게 지켜보았지요. 물론 그 문제로 논쟁이 없지는 않았습니다. 하지만 말하기 좋아하고 말을 잘하는 인도인은 한바탕 언쟁을 벌이고는 늘 "여기는 인도야!"라고 결론을 냈습니다. 모든 걸 받아들인 역사와 전통을 따라야 한다고요.

그럴 때마다 인도에 피난하여 정착한 배화교도와 유대교도의 사례를 들었습니다. 오랫동안 이국의 종교인 이슬람교와 기독교를 믿는 이들과 공존한 역사도 강조하고요.

그런 역사를 자랑하는 인도는 우리나라에도 도움을 주었습니다. 영국 지배를 받던 인도인은 일제 강점기의 우리에게 동병상련이었는데요, 노벨문학상을 받은 타고르는 〈동방의 등불〉이라는 시를, 간디는 응원의 엽서를 보냈습니다. 제2차 세계대전에 200만 명의 군인이 참전한 인도는 일본의 패망에 공헌하며 우리의 광복을 도왔고요. 1948년에는 UN 한국 임시 위원단UN Temporary Commission on Korea, UNTCOK 의장인 인도인 메논 박사가 '남한의 총선 실시'를 성사시켰습니다. 곧이어 6·25 전쟁이 발발하자 이동 의무 부대를 지원한 나라가 인도였고요.

한동안 비동맹의 맹주로 활동한 인도는 주변국들과 아프리카의 많은 나라에도 원조를 보내고 지지하며 전통을 이었습니다. 돈이 많아서가 아니었지요. 그렇다면 우리나라는 그동안 인도에 무엇을 주었을까요? 아쉽게도 별것이 없습니다. 인도는 정부 개발 원조를 받지 않아서 해줄 것이 마땅치 않은데요, 그래도 이제는 우리가 인도에 무언가를 해줄 때가 되었습니다. 물질이 아니면 정신적인 응원과 지지라도 해야 하지 않을까요?

낡은 표현이지만 사람을 소득이나 재산으로만 평가할 수는 없습니다. 한 국가도 경제적 잣대로만 평가할 수 없고요. 좋은 자동차를 가진 사람이 많다고, 더운 날 에어컨 바람을 한 줌 더 쐰다고 우리가 인도인보다 행복한 건 아닙니다. 베푸는 쪽이 도움을 받는 처지보다 행복한 건 분명하지만요.

# 최소한의 인도 수업

초판 1쇄 펴냄    2025년 3월 28일

지은이       이옥순
펴낸이       김경섭
편집         임채혁
디자인       정은경디자인

펴낸곳       도서출판 삼인
전화         02-322-1845
팩스         02-322-1846
이메일       saminbooks@naver.com
출판등록     1996년 9월 16일 제25100-2012-000045호
주소         (03716) 서울시 서대문구 성산로 312, 북산빌딩 1층

ISBN   978-89-6436-274-7 03910

### 팀 임팩트(Team Impact)

중병이나 만성 질환을 앓는 아동을 지역 대학 스포츠팀과 연결해 장기간의 우정과 변화를 이끄는 프로그램이다. 스포츠팀에 소속돼 있다면 이용해보자.

www.goteamimpact.org

### 꼬마 과학자에게 보내는 편지(Letters to a Pre-Scientist)

저소득 지역의 5~10학년 학생에게 과학·기술·공학·수학(STEM) 펜팔을 이어주는 프로그램이다. 메이컨 로우먼*Macon Lowman*은 노스캐롤라이나 시골에서 6학년 학생들에게 과학을 가르치면서 학생들이 실제 과학자들에게 영감을 받으면 좋겠다는 생각에 이런 편지 쓰기 프로그램을 시작했다. 그녀는 과학자 안나 골드스타인*Anna Goldstein*과 함께 펜팔로 봉사할 STEM 전문가들을 모았다.

일대일로 연결된 학생들은 실제 STEM 전문가들에게 대학 관련 질문을 던지고 과학과 기술의 역할에 대한 관점을 넓힐 기회를 얻는다. 교사는 1년간 편지가 오갈 수 있게 돕고 펜팔 봉사자는 과학이나 기술 분야 종사자이거나 대학에 소속된 사람이어야 한다. 자원봉사 등록은 학기가 시작되기 전 여름에 이루어지고 이후 특정 분야에 관심이 있는 아동을 소개받는다.

www.prescientist.org

### 미국 기업 파트너를 통한 참전 군인 멘토링

미국 기업 파트너(ACP)는 현역 군인과 참전 군인, 그리고 그들의 배우자가 성공적으로 경력을 쌓고 군대와 민간 분야 사이의 차이를 잘 극복하도록 돕는 멘토링 프로그램을 진행한다. 경력 유사성과 흥미를 바탕으로 멘토와 멘티를 연결한다. 멘토는 1년간 한 달에 한 번씩 대화를 나누어야 한다. 주제는 보통 이력서 검토, 면접 준비, 경력 탐구, 승진, 일과 생활의 균형, 인맥 쌓기 등이다. 매칭 작업은 ACP 직원이 진행한다.

www.acp-usa.org

## 사람들의 축하를 돕기

### 콘페티재단(The Confetti Foundation)

스테파니 프레이저 그림*Stephanie Frazier Grimm*은 병원에 입원한 대자를 방문했다가 병원이 아이들에게 생일 선물은 주지만 파티는 열어주지 않는다는 생각이 들었다. 자신도 병원에서 13세 생일을 보냈던 것을 떠올리며 입원 아동의 축하 방식을 바꾸겠다는 마음으로 콘페티재단을 설립했다. 콘페티재단은 직접 만든 생일 카드, 파티용품, 장난감, 책, 크레파스, 색연필, 기타 학용품을 넣은 생일 선물 상자를 전달한다. 아이의 가족은 비디오 게임부터 유니콘에 이르는 100가지 테마에 맞춘 생일 상자 중 하나를 고를 수 있다. '군대 테마' 등 특별한 요청이 있으면 최대한 맞춰서 준비한다. 생일 상자에는 색 테이프까지 들어 있어서 아픈 아이의 곁을 떠나지 않는 가족도 병실을 장식할 수 있다. 자원봉사자는 생일 카드와 현수막 제작을 맡고 생일 파티 한 번에 드는 40달러를 기부금으로 낼 수도 있다.

www.confettifoundation.org

### 기분 좋은 기부(Cheerful Givers)

로빈 젤라야*Robin Zelaya*는 돈이 어떻게 쓰이는지도 모른 채 자선 단체에 돈을 보내기는 싫었다. 그래서 어떤 비영리 단체에 돈을 기부해야 할지 알아보기 시작했다. 그러다가 동료가 집에서 푸드 뱅크를 운영한다는 사실을 알게 됐다. 아이의 생일에 부모는 이곳에서 케이크 믹스나 아이가 가장 좋아하는 시리얼을 받는다. 로빈은 바로 그 주 생일 가방을 꾸렸다. 그리고 이 가방을 노숙자 쉼터나 푸드 뱅크에 전달해서 자녀의 생일을 축하하기 위해 찾아오는 부모에게 전달하게 했다.

'기분 좋은 기부'는 1993년 로빈이 설립한 이후 미네소타주에서 100만 개 넘는 생일 가방을 나누었다. 참여하고 싶은 사람은 가방에 들어가는 장난감에 드는 10달러를 기부할 수도 있고, 웹사이트의 안내에 따라 자신만의 가방을 꾸릴 수도 있다. 지역 쉼터나 푸드 뱅크에 연락해 관심이 있는지, 배달 의향이 있는지 확인하자.

www.cheerfulgivers.org

### 생일 파티 프로젝트(The Birthday Party Project)

전직 이벤트 플래너였던 페이지 셔놀트*Paige Chenault*는 임신 중에 미래의 아이에게 어떤 생일 파티를 열어줄까 생각하다가 「타임」에 실린 빈곤층 아이 사진을 봤다. '저 아이는? 파티를 못 여는 아이들은?' 그래서 댈러스 지역의 노숙자 쉼터에 있는 아이들을 위해 한 달에 한 번 생일 파티를 열기 시작했고 이를 '생일 파티 프로젝트'라고 불렀다. 그녀는 처음 연 생일 파티에서 11살 아이에게 "감사합니다, 페이지 씨. 태어나서 처음 여는 생일 파티예요"라는 말을 들었다. 현재 이 단체는 20개 도시의 쉼터에서 생일 파티를 연다. 그중 한 곳에 산다면 자원봉사자로 참여할 수 있다. 누구든 파티에 드는 돈을 기부할 수 있고, 50달러를 보내면 노숙자 쉼터와 아동 보호 기관에서 아이들을 돌보는 사회복지사를 위한 생일 선물을 보낼 수 있다.

www.thebirthdaypartyproject.org


## 포스터 케어 투 석세스(FC2S)

FC2S는 멘토링 지원, 대학 장학 사업 외에도 대학에 다니는 위탁 청소년을 위해 카드, 쿠키, 성공적인 대학 생활을 위한 책자, 상품권이 든 돌봄 꾸러미를 보낸다. 밸런타인데이 꾸러미에는 자원봉사자가 직접 뜬 빨간 목도리가 들어 있다. 재단의 아일린 맥카프리*Eileen McCaffrey* 이사는 "학생들에게는 누군가 신경 쓰는 사람이 있다는 사실이 아주 중요합니다. 돌봄 꾸러미가 얼마나 큰 의미인지 이야기하는 학생들의 전화와 이메일을 늘 받는답니다"라고 말한다. 300달러 기부금으로 돌봄 꾸러미 세 개를 보낼 수 있다.

www.fc2success.org